최후의 몰입

# Final FLOW

# 최후의 몰입

### 올림픽 금메달리스트들의 초집중력 탐구

제갈현열 · 김도윤 지음

한 국가를 대표하는 선수들이

4년 동안 땀을 흘리며 준비하는 단 한 번의 경기.

수만 명 관중의 시선을 견디며

극도의 긴장감마저 이겨내고 치러야 하는 단 한 번의 경기.

수십억의 인구가 브라운관을 통해 응원하는 단 한 번의 경기.

그 단 한 번의 경기로

작게는 메달의 색이 바뀌고

크게는 나라의 국격과 위상이 달라지고

나아가서는 한 선수의 삶이 바뀌는 단 한 번의 경기.

그 찰나에 더 빛나는 선수들의 집중력.

그 집중력을 우리의 것으로 만들 수 있다면 어떨까?

이 책은 이 질문에서부터 시작되었다.

# 하기 싫은 일도
# 하고 싶게 만드는 '주도적 몰입'

소파에 기대 별 생각 없이 뉴스를 보고 있던 어느 날이었다. 집중력에 관련된 뉴스가 방영되고 있었다. 기업들이 생산성을 높이려고 사내에 집중력 프로그램을 도입해 운용한다는 내용이었다. 인터뷰이로 나온 담당자는 "앞으로 다양한 프로그램들을 통해 구성원들이 직장에서 좀 더 많은 성과를 낼 수 있도록 노력하겠다."라고 말했다. 그것을 보며 우리들은 '참 지독하게 뽑아 먹으려고 하는구나.'라며 쓴소리를 주고받았다.

그러다가 문득 그런 생각이 들었다. '바야흐로 지금은

몰입해야 하는 시대구나.'라고 말이다. 정확히 말하면 미치도록 몰입해서 성과를 내야 한다고 강요받는 시대라고 할까. 성공하기 위해서든, 살아남기 위해서든 우리는 이 치열한 경쟁 사회에서 몰입하지 않으면 살아갈 수 없게 되었다. 비용 대비 효율을 높여야만 타인과의 경쟁에서 우위를 선점할 수 있는데, 그 고효율성을 얻는 데 몰입만 한 것이 없기 때문이다. 그래서 많은 이들이 '집중하는 법'을 공부하고 '몰입하는 방법'을 탐한다. 이제는 몰입해야만 앞설 수 있고 성공할 수 있다고 자신들조차 굳게 믿는 것 같다.

우리도 대학 시절부터 지금까지 '몰입' 하면 일가견이 있는 사람들이다. 학부 시절 각종 공모전에 도전했고, 매일, 매 순간 미친 듯이 집중한 덕에 수십 개의 자격증과 공모전 수상 기록을 얻었다. 직장 생활을 할 땐 하루 서너 시간만 자면서 워커홀릭으로 살았다. 글을 쓸 때는 휴대폰을 꺼두고 며칠이 되었든 만족할 만한 글이 나올 때까지 집 안에서 작업하는 일에만 몰두한다. 치열함과 몰입이란 키워드는 우리가 살아온 인생과 떼려야 뗄 수 없는 관계였다. 그만큼 '몰입'이란 키워드를 좋아하고 그 가치를 인정했다. 하지만 저 뉴스를 보는 순간 '몰입'이란 말에 갑자기 반발심이 생겼다. 왜 그랬을까?

‘몰입해야 하는 시대’라는 단어를 되뇌면서 그 이유를 알게 되었다. 이 말의 뉘앙스가 아주 이상하다는 사실을 말이다. ‘몰입해야 하는 시대라니, 말이 좀 이상한 걸?’ 몰입이란 기본적으로 뭔가에 깊게 빠진 상태를 말한다. 그렇게 되려면 자신의 의지가 무엇보다 중요하다. 주도적으로 그 일을 하고 싶다거나 해내야겠다는 의지가 없다면 몰입에 이를 수 없다.

하지만 ‘해야 한다’라는 말에는 주도적이라기보다는 어떤 의무감이나 강압이 깔려 있다. 주도성이 결여되어 있단 의미다. 몰입이라는 단어에 이런 의무형 표현이 과연 어울릴까? 몰입이라는 것은 ‘해야 하는’ 것이 아니라 자연스럽게 ‘하게 되는’ 것이 아닌가? 왜 그런 단어를 이렇게 주체가 수동적인 것처럼 표현하는 거지? 보도된 뉴스의 내용은 집중력이나 몰입이란 결국 주입식 교육을 통해 이룰 수 있다는 말인데, 몰입이란 것이 정말 타인에 의해 주입될 수 있는 것인가?

우리가 지금까지 몰입으로 쌓은 성취의 모든 것이 하고 싶은 일이었다고 단정할 수는 없지만 최소한 그 일을 해내겠다는 우리의 의지가 담겨 있었다. 그 일에 몰입할 때만큼은 나 자신이 주도적으로 나서서 움직였다. ‘주도성’을 갖는다는 것은 '방향성'을 갖는다는 말과 같다. 다시 말하면 마지못해 하면서 타인의 의지에 따라 움직이는 삶을 사느냐, 자기 의지로 관철시킨 삶을 사느냐는 그 질을 비교했을 때 엄청난 차이가 난다는 소리다. 그래서 몰입할 때는 무엇보다 자기 의지가 필요하고 중요하다고 생각한다.

하지만 뉴스의 내용은 그렇지 않았다. 나의 의지가 결여된 몰입, 그런 몰입을 불편해하기는커녕 자연스럽게 받아들이라고 강요하는 것만 같았다. 그 모습이 우리를 못내 불편하게 했던 것이다. 그 부자연스러움을 바로잡고 조금은 더 자신의 의지가 담긴 주도적인 몰입을 할 수는 없는 걸까? 그런 몰입을 잘하게 만드는 방법이 분명 있을 텐데? 그런 생각이 꼬리에 꼬리를 물었고, '몰입'에 관해 새로운 관점을 제시하는 글을 쓰도록 우리를 자극했다.

물론 그렇다고 대단한 이론을 창시했다는 것은 아니다. 사실 새로운 생각이란 대부분 어색함이란 감정의 한 틈에서 발견되는 게 아닌가. 떨어지는 사과를 보며 모든 사람들은 자연스러운 현상이라고 생각했지만 뉴턴만은 그 현상을 어색하게 느끼며 만유인력의 법칙을 발견한 것처럼 말이다.

어쨌든 이런 의문들은 의무적인 몰입에 관해 여러 관점에서 생각해보게 했다. '의무적인 몰입이 과연 가능할까?' '가능하다면 그것은 어떠한 형태로 이루어질까?' '강요당한 몰입이란 우리에게 필요한 것이기보다는 그 몰입을 요구하는 사회가 새로운 착취의 도구로 사용하려고 조장하는 건 아닐까?' '그렇다면 우리에게 필요한 몰입은 무엇인가?'

주체가 수동적인, 의무적 몰입도 분명 가능하다. 사람의 마음과 의지는 얼마든지 외부의 조작을 통해 바뀔 수 있기 때문이다. 몰입할 수 있는 환경을 제공하거나, 몰입할 수 있는 기법을 반복해서 주입하다 보면 충분히 '몰입하는 방법'을 익히고 배울 수는 있을 것이다. 기업이 수십억 원의 예산을 들여 프로그램을 개설하고 이를 구성원들에게 교육하는 이유는 주입식 몰입 교육의 효과를 확인했기 때문이다.

하지만 자신의 의지가 결여된 채 타인의 의도대로 몰입하고, 몰입하는 방법만 깨우치는 것이 과연 우리 삶의 질을 얼마나 높일 수 있을까에 대해선 의구심이 들었다. 몰입이라는 것은 많은 에너지와 시간을 소진하는 행위다. 타인에 의해 몰입한다는 것은 어떻게 보면 많은 에너지와 시간을 자신의 의지와 상관없이 사용한다는 의미로도 읽힌다. 개인이 사용할 수 있는 시간과 에너지는 한정되어 있는데, 그런 자원을 수동적으로 소비해버린다면 그 삶이 자신에게 과연 어떤 의미가 있는 걸까?

순간 번아웃 증후군이 떠올랐다. 번아웃 증후군이란 어떠한 일에 열정적으로 몰입하다가 급속도로 피곤함을 느끼며 무기력해지는 증상이다. 우리는 이 증상이야말로 의무적 몰입의 문제점을 가장 잘 표현해주는 것이란 생각이 들었다. 원하지 않는 몰입을 하면 이렇게 자신과 삶이 소진되는 것이 아닐까. 정작 인생에서 자신이 정말로 원하는 것을 찾을 기력은 모두 잃고 말이다.

더 큰 문제는 이런 의무적 몰입을 자연스럽게 받아들이는 사람이 점점 더 많아진다는 사실이었다. 주변만 둘러봐도 알 수 있지 않은가. 직장인뿐만 아니라 청소년, 대학생, 취업 준비생까지 수많은 대한민국의 청년이 이런 몰입 강박에 사로잡혀 있다. 하기 싫어도 치열하게 공부하고, 경쟁해서 취업하라고 강요받는다. 그래야만 제대로 살 수 있다고 주입식 교육을 받는다. 하지만 그런 주입식 교육과 의무적 몰입의 폐해가 청소년 자살률 세계 1위라는 결과로 나타난 걸 보면 몰입이란 약이라기보다는 독에 가까운 존재다.

이런 생각의 과정을 거치고 나니 욕심이 생겼다. '주도적 몰입'에 관한 글이 쓰고 싶어졌다. 정확히 말하면 우리가 직접 부딪치며 경험했던 몰입의 가치, 주도적으로 몰입해서 자기 삶을 멋지게 살아가는 사람들의 이야기를 더 많은 사람들에게 제대로 알려주고 싶었다. 그래서 단순히 몰입하는 방법이 아니라 왜 자기 인생에 목표를 가지고 몰입해야 하고, 몰입을 통해 궁극적으로 뭘 성취해야 하는지 자기 나름의 답을 찾기를 바랐다. 그래서 몰입이 부담스러운 존재가 아니라 의욕의 기폭제로, 의무가 아니라 더 나은 삶을 만들어가는 데 유용한 무기가 되길 바랐다.

하지만 주도적 몰입이라는 방향을 설정하고 나서 우리는 다시 고민에 빠졌다. 처음 이 이야기를 구상할 때 크게 세 가지 조건을 생각했다. '주도적 몰입'에 이르는 과정을 객관적으로 설명할 수 있는 요소를 찾을 것. 방법론이 아닌 왜 주도적 몰입을 해야 하고 어떻게 할 수 있는지 현실적인 이야기를 할 것. 사람들이 공감하고 인정할 만한 위인들의 이야기로 설득력을 높일 것.
그런 관점에서 봤을 때 우리 두 사람의 삶만을 풀어놓는 것은 한계가 있었다. 우리가 미친 듯이 몰입하는 인생을 살아왔지만, 한두 사람의 삶만으로 주도적 몰입에 필요한 요소들을 객관화하는 것은 위험한 접근처럼 보였기 때문이다. 또한 긍정적 성취를 바탕으로 밟아온 우리의 지난 과정이 정답처럼 해석되길 바라지 않았다. 무엇보다 우리가 자기 삶을 객관화시켜서 어떤 과정을 통해 몰입할 수 있었는지 명확하게 설명할 자신이 없었다.

그러면 어떤 사람들의 이야기를 담아내야 할까. 시중에 유통된 '몰입'에 관한 모든 책을 사서 읽었다. '몰입'을 주제로 한 책 대부분이 과학이나 심리학 지식을 바탕으로 개념을 설명하되 전수조사를 하여 풀어쓰거나 명상이나 호흡 등 몰입에 이르는 실질적 방법들을 소개한 것이었다. 가치 있는 접근이었지만 우리가 알고 싶었던 주도적으로 하는 몰입과 강요받아서 의무적으로 하는 몰입의 경계가 불분명했다.

특히 많은 책들이 '몰입'에 관해 이야기할 때 하고 있는 일에 흥미를 느끼거나 좋아하는 일을 먼저 찾으라고 했는데, 우리는 이 말에 공감할 수 없었다. 우리가 생각하는 주도적 몰입은 단순히 '흥미'를 기반으로 한 몰입이 아니었기 때문이다.

좋아하는 일에 몰입하는 것은 어렵지 않다. 누가 시키지 않아도 자연스럽게 나의 의지가 들어간다. 그런 일에 집중하지 못하는 사람은 없다. 하지만 우리가 마주하는 일은 대부분 하고 싶은 일이기보다 해야 하는 일이 더 많다. 학생에게는 공부가 그렇고 직장인에게는 업무가 그렇다. 이런 사람들에게 무조건 그 일을 좋아하고 의지를 가지라고 하는 것은 현실을 전혀 고려하지 않은 탁상공론적인 외침에 불과하다고 생각했다.

그런 이상적인 이야기보다는 '좋아하지 않아도, 심지어 하기 싫더라도 자기 의지로 해나갈 수 있게 만드는 무엇'에 관해 이야기하고 싶었다. 우리가 생각하고 경험한 주도적 몰입이란 바로 그런 것이었다. 그리고 단언하건대 그런 몰입에 관해 쓴 책은 어디에도 없었다. 그래서 방법론이 아닌 왜 우리가 주도적 몰입을 해야 하고 어떻게 할 수 있는지 충분히 납득할 만한 글을 쓰고 싶었다.

우리가 경험한 이야기가 아닌 타인의 이야기로 '주도적 몰입'에 관해 공감할 수 있는 글을 쓰는 것. 이것이 우리가 이 책을 쓰는 작가로서 가졌던 목표다. 셀 수 없이 많은 날을 소재 찾기에 몰두했다. 가능성의 희망과 한계점의 좌절이 교차되었다. 처음 설정한 세 가지 전제 조건이 이율배반적인 관계라 도저히 합의점을 찾을 수 없을 것 같았다.

그러던 어느 날, 광고 하나가 우리의 시선을 사로잡았다. 평창 동계올림픽에 대한 광고였다. 그 순간 머릿속을 스치고 간 단어, '올림픽 금메달리스트.' 그러면서 예전에 한 금메달리스트가 인터뷰했던 내용을 보았던 기억이 떠올랐다. 올림픽이 육체적 재능을 겨루는 것인지, 정신력을 겨루는 것인지 묻는 인터뷰였는데, 그 선수는 이렇게 대답했다. "정신력입니다. 올림픽에서 만난 선수들은 각국에서 이미 그 분야의 최고라고 인정받은 선수들이니까요. 누가 이겨도 이상하지 않을 정도로 재능은 다 뛰어나죠. 그럼에도 그 싸움의 승패가 결정되는 것은 1%의 작은 차이 때문입니다. 자질이나 재능이 아니라 바로 '집중력'이요."

지금도 생생하게 기억날 만큼 멋진 말이다. 그의 말대로 선수들은 모두 재능이 있다. 그럼에도 죽을힘을 다해 노력하고 치열하게 경쟁한다. 그런 선수들조차 경기에 제대로 몰입하느냐, 그렇지 못하느냐에 따라 승패가 나뉜다. '몰입'이란 그렇게 엄청난 결과의 차이를 만들어낸다. 그리고 그 몰입의 정점을 찍고 최고의 성취를 이룬 선수들이 바로 올림픽 금메달리스트다. '이 선수의 말처럼 금메달리스트에게 집중력과 몰입이 필수라면, 그래서 모든 금메달리스트가 이 집중력과 몰입을 가지고 있다면….' 그 순간 우리가 그렇게 찾아 헤매던 가장 완벽한 소재를 찾은 기분이 들었다.

첫 번째 전제, 주도적 몰입 과정을 객관적으로 설명할 수 있는가? 올림픽 금메달리스트는 4년에 한 번씩 모든 종목에서 반드시 단 한 명씩만 나온다. 그 사람들 각각의 몰입법을 조사하다 보면 반드시 객관화시킬 수 있는 요소가 있을 것이라고 생각했다.

두 번째 전제, 주도적 몰입을 왜 해야 하는지, 어떻게 할 수 있는가? 올림픽을 준비한 최고의 선수들이라고 하면 기본적으로 재능이 있고 좋아하는 일이기 때문에 몰입하는 것이 아닐까?

하지만 선수들이 올림픽을 준비하는 일련의 과정을 조금이라도 알면 '좋아해서만' 할 수 있는 일이 아니라는 것을 단번에 알 것이다. 자기 한계를 뛰어넘어야 하는 훈련이 매일 반복된다고 생각해보라. 좋아하던 일도 돌아서고 싶을 만큼 힘들지 않겠는가?

특히 한 번의 경기를 위해 4년을 준비해야 한다고 한다면 그 과정이 항상 즐겁거나 하고 싶은 일만은 아니었을 것이다. 이 모든 것을 감내하고 금메달을 딴다는 것은 타인이 시켜서 할 수 있는 일은 분명히 아니다. 올림픽 금메달리스트를 설명하는 말 중에 그런 말이 있지 않은가. "천 번을 욕해야 국가대표가 될 수 있다." 그 힘든 과정을 이겨 내고 결국 금메달을 목에 걸었다는 것은 그만큼 주도적 몰입, 자기 의지가 있었다는 방증 아닐까.

그래서 올림픽 금메달리스트들의 몰입이야말로 우리가 생각했던 주도적 몰입에 가장 가까운 형태라는 생각이 들었다. 그리고 그 힘듦을 끝까지 이겨낼 수 있는 몰입의 무언가가 분명히 있을 것이라고 생각했다.

세 번째 전제, 누구나 인정하고 공감할 수 있는 이야기 인가? 우리는 이 세 번째 전제 때문에 올림픽 금메달리스트여야만 한다고 생각했다. 현재 우리가 살아내는 삶과 가장 많이 닮아 있었기 때문이다.

올림픽은 최고의 선수들이 모여 그중에서 다시 최고를 가리는 자리다. 그리고 그 올림픽에 나가는 자격을 얻기까지 선수들은 무수히 많은 경쟁을 치러왔다. 우리는 어떤가? 우리의 삶이라고 다르지 않다. 우리 역시 매순간 크고 작은 경쟁을 하며 살아가야 한다. 경쟁사회를 비판하면서도 그 구조 속에서 살아남아 자신의 존재 가치를 증명해야 하는 것. 그러기 위해서 더 치열해야 하고, 괴로워하고, 혼자라는 외로움마저 느껴야 하는 것. 올림픽에 출전하는 선수들만큼 우리의 삶도 치열함의 연속이었다. 그렇기에 올림픽 선수들의 이야기처럼 우리의 삶을 대변할 수 있는 것도 없을 것 같았다. 단순히 대변하는 것을 넘어 그들의 이야기와 철학이 우리의 삶에 깊은 깨달음을 줄 것이란 생각도 들었다.

4년에 한 번 있는 경기를 위해 모든 것을 내던지고, 단 한 번의 패배도 허용하지 않을 때 허락되는 것이 올림픽 금메달리스트다. 어떻게 그렇게 오랜 시간 동안 몰입하고, 결정적인 순간에 집중할 수 있었는지, 그 결과 최고의 성취를 얻을 수 있었는지 이 선수들만큼 잘 설명할 수 있는 대상이 또 있을까? 그 이야기들은 분명 큰 울림이 될 것이란 확신이 들었다.

그런 확신 속에서 운명처럼 우리가 쓸 이야기의 서문이 떠올랐다.

한 국가를 대표하는 선수들이
4년 동안 땀을 흘리며 준비하는 단 한 번의 경기.
수만 명 관중의 시선을 견디며
극도의 긴장감마저 이겨내고 치러야 하는 단 한 번의 경기.
수십억의 인구가 브라운관을 통해 응원하는 단 한 번의 경기.

그 단 한 번의 경기로 작게는 메달의 색이 바뀌고
크게는 나라의 국격과 위상이 달라지고
나아가서는 한 선수의 삶이 바뀌는 단 한 번의 경기.
그 찰나에 더 빛나는 선수들의 집중력.
그 집중력을 우리의 것으로 만들 수 있다면 어떨까?
이 책은 그 질문에서부터 시작되었다.

하계 올림픽 28개 종목, 동계 올림픽 15개 종목, 총 43개
종목 중 대한민국은 지금까지 19개 종목에서 116명의 금메
달리스트를 배출했다. 그중에서 우리는 12개의 종목, 33명
의 금메달리스트, 3명의 코치 및 감독 총 36명을 만났다.

만나고 싶었던 사람 중 연락이 닿지 않아 만나지 못한
사람도 있었고, 상황이 여의치 않아 만날 수 없었던 적도
있었다. 치열하게 살아가는 사람들에게 시간을 할애해달
라고 하는 것은 생각보다 쉽지 않았다. 해가 뜨기 전이나
해가 지고 한참 지난 시간에야 겨우 만났던 적이 한두 번
이 아니었다. 가깝게는 태릉선수촌에서 멀게는 예천 양궁
장까지, 한 명 한 명을 만나기 위해 찾아 나선 그 길 자체
가 우리에게는 이 책을 쓰는 하나의 여정이었다.

그렇게 만난 36명의 목소리를 하나하나 녹음하고 당시

느꼈던 감정과 생각을 잊어버릴까 봐 집으로 돌아와 밤새 도록 들으며 정리했다. 총 950여 장이 넘는 녹취록이 우리 손에 쥐어졌고, 그 생생한 목소리에서 건져 올린 주옥같은 몰입에 관한 철학들을 이 책에 담아냈다.

그리고 마침내 우리가 이 책을 쓰고자 한 최초의 목적, 그 답을 선수들에게서 얻을 수 있었다. 주도적 몰입이란 스스로 의지를 가지고 몰입하는 것이다. 어떻게 그것이 가능한가? 바로, '몰입하는 이유'를 갖는 것이다.

우리가 몰입해야 하는 궁극적인 이유는 무엇인가? 이 질문은 몰입에 대한 책을 쓰려고 결정한 순간부터 우리를 따라다니던 질문이기도 하다. 학교에서 좋은 성적을 받기 위해서? 좋은 기업에 취업하기 위해서? 그렇게 들어간 직장에서 놀라운 성과를 거두기 위해서? 성공하기 위해서? 최고의 선수들은 왜 몰입하려고 했을까? 그저 금메달을 따기 위해서일까?

최고의 선수들을 인터뷰하면서 이 한 가지는 확실하게 깨달았다. 살면서 크고 작은 목표가 있고, 그 목표가 하나 하나의 몰입 이유가 될 수는 있지만 궁극적으로 우리가 왜 몰입해야 하는가에 대한 이유는 아니었다. 몰입의 목적은 그보다 좀 더 큰 지향점을 가지고 있었다. 33명의 금메달리스트가 입을 모아 말했던 그리고 우리 역시도 공감했던 몰입의 궁극적인 목적은 무엇일까?

'시간의 질적 향상을 통한 더 나은 존재로 발전하는 것', 바로 이것이었다.

모든 사람에게 하루는 24시간이다. 그래서 시간은 신이 준 평등의 선물이라 이야기한다. 하지만 그 시간을 어떻게 사용하느냐에 따라 시간의 가치는 완전히 달라진다. 시간은 양으로는 평등의 원칙을 따르지만, 질은 형평의 원칙을 따른다. 한정된 시간을 좀 더 밀도 있게 쓰느냐, 그렇지 못하느냐에 따라 모든 것이 바뀐다.

금메달을 딴 선수들은 어땠을까. 남들이 300발을 쏘는 시간에 500발을 쐈다고 말하는 양궁 금메달리스트나, 동료들이 트랙을 5바퀴 도는 시간에 7바퀴를 돌았다는 쇼트트랙 금메달리스트, 그들은 모두 한정된 시간을 밀도 높게 쓰며 노력했기 때문에 금메달을 목에 걸 수 있었다. 그리고 그 밀도 높은 노력의 근원에는 몰입과 집중이 있었다.

국가대표로 선발되는 순간, 모든 선수가 똑같은 시간, 같은 강도로 훈련받는 것 같지만 실상은 어떠한 마음가짐으로 임하느냐에 따라 훈련의 가치는 전혀 달라진다는 말을 들으며 시간의 질적 향상이 얼마만큼 결과에 영향을 미치는지를 느낄 수 있었다. 그들의 말에 따르면 몰입은 결국, 같은 시간을 더 밀도 높게 활용하여 월등한 결과를 만드는 것이고, 몰입해야 하는 이유는 그 과정을 통해 자신의 가치를 더 높이기 위함이다.

특히 선수들은 시간을 밀도 높게 쓰는 것에 대해 그 시간을 '누구'를 위해 쓸 것인지 결정해야 한다고 강조했다. 결국 시간의 질적 향상은 누구를 위해 시간을 쏟느냐의 문제로 귀결되었다.

최고의 선수들이 공통적으로 말한 주체는 오직 '자기 자신'이었다. 그들은 친구를 위해 쓰는 시간을 줄이고, 자신의 가족을 생각하는 시간을 줄이며 오직 올림픽이란 목표에 집중했다. 취미나 여가도 과감히 포기하고, 동료나 경쟁하는 선수에 대한 배려마저도 모두 버렸다. 그렇게 마지막에는 자기 자신을 제외한 모든 것을 버리며 승패를 가리는 결정적 순간, 오직 자신에게만 끝까지 몰입했다. 참 지독히도 외롭고 힘든 과정이지만 그들은 이 과정을 통해 완벽한 몰입에 이르렀다. 그리고 자신의 인생에서 한 단계 성장한 존재로 거듭났다.

완벽한 몰입이란 자기 자신을 제외한 모든 것을 버리는

것이다. 최후의 순간, 마지막까지 나에게만 몰두해야 최고의 성취를 얻을 수 있다. 그렇게 이 책의 제목이 완성되었다. 이 책이 부디 오늘도 치열하게 타인과 자신과 다투며 살아내는 모든 사람들에게 할 수 있다는 자신감이 되기를, 세계 정상에 서기 위해 오늘도 뜨겁게 달리는 모든 선수들에게 자부심이 되기를 바란다.

자, 그럼 지금부터 그들이 포기하지 않고 걸어갔던 몰입의 길을 한 걸음 한 걸음 따라가 보자. 그 이야기에서 우리가 적용할 수 있는 무수히 많은 가치들을 발견할 수 있을 것이다.

# 차례

**1장 가야 할 길을 정한 자는
길 위에서 헤매지 않는다**

**2장 당신에게 묻는다,
몰입을 위해 무엇까지 버릴 수 있는가**

# 1장

길을 찾아가는 것과 길 위에서 헤매는 것의 차이는 도달해야 할 곳을 알고 있는가, 그렇지 않은가에 달려 있다. 목적지를 아는 사람은 길을 찾아가지만 목적지를 알지 못하는 사람은 길 위에서 헤매게 된다. 우리는 그 목적지를 '목표'라고 말한다. 몰입도 마찬가지다. 무언가에 깊이 빠져들려면 '왜 몰입해야 하는가?' 즉 동기부여가 되는 목표가 있어야 한다.

가야 할 길을 정한 자는
길 위에서 헤매지 않는다

Final
FLOW

# 1
# 목표가 곧
# 시간의 밀도다

길을 찾아가는 것과 길 위에서 헤매는 것의 차이는 도달해야 할 곳을 알고 있는가, 그렇지 않은가에 있다. 목적지를 아는 사람은 길을 찾아가지만 목적지를 알지 못하는 사람은 길 위에서 헤매게 된다. 우리는 그 목적지를 '목표'라고 말한다. 몰입도 마찬가지다. 무언가에 깊이 빠져들려면 '왜 몰입해야 하는가?' 즉 동기부여가 되는 목표가 있어야 한다.

최고의 선수들이 몰입하여 메달을 딸 수 있었던 요인으로 가장 많이 꼽은 것도 '분명한 자기 목표'였다. 이들 중 생각지도 못한 채 금메달을 목에 건 사람은 거의 없었다. 대부분 자신의 목표가 올림픽 금메달이었다고 입을 모아 이야기했다. 물론 국가대표에게 금메달이 목표인 것은 어쩌면 당연한 이야기처럼 들릴지도 모른다. 하지만 그들의 이야기를 들어보면 우리가 얼마나 국가대표에 대해 잘못 알고 있었는지 알게 된다.

그들의 이야기를 통해 알게 된 한 가지 사실은 태릉선수촌에 있는 모든 선수들이 반드시 금메달을 목표로 훈련하는 것은 아니라는 점이다. 그들 중에는 국가대표로 발탁된 것에 만족하는 선수도 있었고 꼭 금메달이 아니더라도 순위권에 진입하는 것을 목표로 하는 선수도 있었다. 그들은 모두 각자 자신이 세운 목표를 이루기 위해 최선을 다하고 그 목표 안에서 결과를 얻었다. 최고의 재능과 엄청난 노력의 시간이 뒷받침된 선수들에게 세계 정상이 목표가 아니란 이야기도 놀랍지만, 동일한 조건 속에서 목표 설정에 따라 결과가 달라진다는 점도 놀라웠다. 이유가 무엇일까?
현역 시절 탁구 천재로 불리며 2004년 아테네 올림픽에서 금메달을 거머쥔 유승민 현 대한탁구협회 이사와 나눈 대화에서 그 답을 찾을 수 있었다.

"일단 자기가 목표를 정하면 마음가짐이나 체력, 생활 패턴, 운동량 그 모든 것이 목표에 따라 새롭게 설정돼요. 상비군이 되고 싶다면 상비군이 되는 목표에 맞게, 올림픽에서 메달을 따고 싶다면 그에 맞게 다른 노력이 필요한 거죠. 무턱대고 집중한다고 해서 목표를 이룰 수 있는 게 아니에요. 선수라는 이름만으로 죽어라 운동하는 사람과 올림픽에서 무조건 메달 하나는 따겠다고 덤벼드는 사람 중에 누가 금메달을 딸 확률이 더 높을까요? 중요한 건 강도 높은 훈련이 아니라 자기 목표에 맞게 훈련 계획을 세우는 거죠."

모든 노력과 계획이 목표 중심으로 구성된다는 것은 시간의 질적 측면에서 분석해보면 좀 더 쉽게 이해된다. 태릉선수촌에 상주하는 모든 선수들은 종목별로 정해진 스케줄에 따라 운동한다. 언뜻 보면 그들이 모두 동일한 양의 운동을 할 것 같지만 실상은 그렇지 않다. 선수들의 의견을 종합해보면 그들은 '3:5:2의 법칙'에 따라 나뉜다. 이는 훈련 밀도에 따른 선수 비율을 나타낸 것인데 정말 열심히 하는 선수들이 3, 평범하게 시간을 채우는 선수들이 5, 남들보다 덜 노력하는 선수들이 2의 비율을 차지한다. 물론 이는 질적 차이지 양적 차이는 아니다. 주어진 시간 자기가 목표를 정하면 마음 가짐이나 체력, 생활 패턴, 운동량 모든 것이 목표에 따라 새롭게 설정돼요.

에 딴짓을 하거나 주어진 시간보다 더 운동하는 것처럼 운동 시간이 변수로 작용하지는 않는다는 것이다. 똑같이 주어진 시간에 누가 더 집중력을 발휘하여 밀도 높게 훈련하는가의 차이다.

결국 최고의 실력을 갖춘 자에게만 자격이 주어진다는 국가대표라도 선수마다 시간을 운용하는 질적인 부분에서는 차이가 발생했다. 그리고 이 차이를 만드는 요인은 각 선수마다 가지고 있는 '목표 의식'이었다. 금메달을 목표로 한 선수는 같은 시간이라도 더 많이 몰입하고 운동했다. 이로 인해 훈련하는 양도 다른 선수보다 많았다. 이런 행동의 차이는 곧 결과의 차이로 연결된다. 목표가 시간의 밀도를, 승부의 결과를 바꾼 것이다.

뇌 의학에서는 이를 '구상의 능력'이라 부른다. 뇌가 행위를 구상한다는 것인데, 인지하는 바에 따라 어떻게 행동할 것인지를 규정한다는 것이다. 달리기를 예로 들어보자. 우리가 몇 바퀴를 돌 것인지 또는 몇 킬로미터를 뛸 것인지 목표를 세우면 뇌가 이를 인지하고 그에 맞게 체력을 안배하여 뛰도록 지시한다. 그런데 어떤 선수가 몇 바퀴를 돌아야 할지 정해두지 않은 채 운동장을 뛰면 어떻게 될까?

목표를 인지하지 못한 뇌는 행동을 구상하지 못한다. 뇌의 구상이 없다는 것은 목표나 목적 없이 하는 행위가 그저 단순한 육체노동일 뿐이라는 것을 의미한다. 이 달리기의 경우도 선수에게는 그저 고역일 뿐이다. 이런 상황에 선수에게 동기나 의지가 있을 리 만무하다. 그들에게 집중력을 발휘하라고 하는 것은 어불성설이다.

국가대표가 올림픽을 준비한다는 것은 4년이란 시간 동안 달리기를 하는 것과 같다. 매일 주어진 시간에 정해진 만큼 운동량을 채워야 한다. 또 식단과 생체 리듬을 조절하는 등 끊임없이 자기 관리를 해야 한다. 그것이 국가대표의 삶이다. 이때 이 활동을 지속할 수 있는 것은 '나는 이 운동을 왜 하고 있는가.'라는 목표 덕분이다. 목표가 없는 사람은 그저 쳇바퀴 돌 듯 의미 없는 힘든 하루만 반복할 뿐이다.

선수마다 가지고 있는 '목표 의식'이 차이를 만든다. 금메달을 목표로 한 선수는 같은 시간이라도 더 많이 몰입하고 훈련하는 양도 더 많다. 그것이 최고라는 결과를 만들어낸다.

반면 목표가 있는 사람은 그 힘든 하루하루를 자신의 목표를 이루는 여정이라고 생각한다. 목표가 곧 그 여정을 충실하게 이행해야 할 의미가 된다.

대부분의 선수들이 훈련을 받는 도중 슬럼프를 겪는다. 그 슬럼프를 극복하게 만드는 것도 목표 의식이다. 4년이란 시간을 견뎌야 하는 것이 힘들어 잠시 머뭇거리다가도 이내 다시 돌아와 묵묵히 걸어가게 만드는 힘이 된다. 왜냐하면 그 목표가 자신의 도착점이 어디인지 상기시켜주고 의지를 다잡아주기 때문이다. 게다가 물리적인 힘까지도 키워준다.

선수들에게 몰입이란 순간의 집중력으로 끝날 한시적인 행위가 아니다. 그들에게 올림픽은 자신의 인생에서 완수해야 할 중요한 과업이다. 그 과업을 이루려면 장기적인 몰입이 필수다. 공부하는 학생들도 마찬가지다. 대학이든 그 후의 장래든 공부를 통해 자신의 인생에서 이루고 싶은 목표가 있을 것이다.

우리는 개인의 수준을 더 높은 단계로 끌어올리고 궁극적으로 더 나은 삶을 살고 싶어 한다. 이는 장기적인 관점에서 점층적으로 이뤄나갈 수 있는 것인데 이때 가장 필요한 것은 '내가 이것을 왜 해야 하는가'라는 목표 설정이다.

예전에 다큐멘터리를 본 적이 있는데 미국의 명문 고등학교에서 수석을 한 학생의 인터뷰였다. 어떠한 마음가짐으로 공부에 매진할 수 있었느냐는 물음에 다소 의외의 대답을 내놓았다.

선수들에게 몰입이란 순간의 집중력으로 끝날 한시적인 행위가 아니다. 그들에게 올림픽은 자신의 인생에서 완수해야 할 중요한 과업이다. 그러려면 장기적인 몰입이 필수다.

"참 부끄럽지만 지금 전 하고 싶은 일이 없어요. 제가 공부하는 이유는 나중에라도 꿈이 생겼을 때 공부를 못한 것이 그 꿈을 붙잡는 족쇄가 될까 봐 그러는 거죠. 제가 지금 당장 할 수 있는 게 공부뿐이니까요. 공부에 대한 어떠한 열정이나 이유가 있어서는 아니에요."

과연 이 학생도 공부하는 동안 몰입과 집중을 했을까? 우리는 그가 선천적으로 타고난 재능을 가졌기 때문에 이런 결과를 얻었을 거라고 생각한다.

많은 부모들이 자식에게 이 다큐멘터리에 나온 학생처럼 공부할 것을 강요한다. 일단 뭐가 됐든 공부부터 하라고 한다. "대학만 가면 하고 싶은 것은 뭐든 할 수 있다." "성적을 올려 좋은 대학부터 가라." "사회생활을 시작하면

학벌이 발목을 붙잡을 거다."라고 말하며 자녀들을 다그친다. 스스로 목표를 세우고 그에 맞게 공부하라고 하는 것이 아니라 오로지 높은 성적을 받기 위해 의식을 바꿔 집중하라고 한다. 하지만 대부분의 자녀가 이 다큐멘터리 속 주인공처럼 선천적으로 타고난 공부머리를 가지고 있는 경우는 드물다. 목표 없이, 몰입하지 않고 재능만으로 높은 학업 성취도를 가질 수 있는 학생은 유감스럽게도 몇 안 된다. 설령 그렇다 하더라도 목표 없이 지속적으로 그 재능을 유지할 수 있는 사람을 찾기란 어렵다.

맹목적으로 공부하라고 다그치는 것보다 자녀들에게 정말 필요한 것은 스스로 '왜 공부해야 하는지' 자기만의 목적과 목표를 설정하는 것이다. 수업 시간에 학과 공부를 하든 그림만 그리든 노래만 부르든 그 일을 지속하려는 까닭은 그 행위를 통해 이루고 싶은 목표가 있기 때문이다. 그 과목을 더 잘하고 싶은 마음 때문일 수도 있고 그것이 자신의 장래희망과 연관되어서일 수도 있다. 어찌 되었든 그들은 최소한 다른 학생보다 자신의 시간을 밀도 있게 사용하는 법을 알고 있다.

목표 없이 의무적으로 공부하는 아이들이 공부를 왜 해야 하는지, 공부를 통해 무엇을 얻고 싶은지 스스로 목표를 세운다면 부모는 잔소리하지 않아도 충분히 학업에 매진하는 자녀의 모습을 볼 수 있을 것이다. 목표 설정이란 이처럼 합리적이고 이상적으로 서로 다른 입장을 가진 두 사람이 같은 목적지를 바라볼 수 있게 하는 이정표이자 힘이 되기도 한다.

우리도 이 글을 완성하는 데 목표 설정이 큰 힘이 되었다. 탈고하기까지 꽤 오랜 시간 동안 많은 것들과 싸워야 했다. 인터뷰를 하기로 한 선수가 계속 시간을 바꿔 일정을 조절하기 힘들었을 때 이 일을 지속하고 싶은 의지가 흔들렸다. 글쓰기와 생업을 동시에 챙겨야 할 때도 많이 갈등했다. 무엇보다 글을 쓰는 순간마다 내적 갈등이 일어나 괴로웠다. 선수들의 소중한 메시지를 과연 만족할 만한 수준으로 풀어내고 있는지 자문할 때마다 키보드를 치던 손이 멈췄다. 주도적인 몰입이란 개념을 정확하게 표현하고 있는지, 아집과 오만으로 글의 본질을 잃진 않았는지 고민할 때마다 흔들렸다. 스스로 좋아서 하는 일이었지만 그만큼 막중한 책임감 때문에, 마감 없이 계속 수정해나가는 지난한 과정들이 힘들었다.

그럼에도 불구하고 이 이야기를 완성할 수 있었던 힘은

선수들의 이야기를 잘 전달하고 싶다는 목표, 주도적 몰입을 누구나 쉽게 할 수 있도록 좋은 책을 쓰자는 목표에서 나왔다. 누가 강요하지 않았지만 우리가 스스로 약속한 이 목표 때문에 수없이 흔들리고, 머뭇거리면서도 기나긴 여정을 마무리할 수 있었다.

우리는 세계 최고의 선수들을 인터뷰하기에 앞서 그들이 가장 긴장되는 순간, 그리고 훈련하는 매 순간 어떻게 지치지 않고 몰입할 수 있었는지 그 이유가 정말 궁금했다. 그들에게는 뭔가 특별히 몰입을 잘하는 기술이 있을 것만 같았다. 그런데 막상 선수들과 이야기를 나눠 보니 그보다 더 중요한 한 가지를 확실하게 배웠다. 몰입하는 데 가장 먼저 갖춰야 할 것이 있다면 무엇일까? 바로 내가 왜 몰입해야 하는가에 대한 이유, 즉 '목표'다. 목표 없이 몰입을 잘하고 싶다는 말은 알파벳도 모르고 영어회화를 잘하고 싶다는 말과 같다.

# 금메달리스트들이
## 알려주는 몰입 플래닝

---

# "몰입하고 싶다면
# 나만의 목표부터 정해라."

목표가 있고 없고의 차이는 결과에도 엄청난 영향을 끼친다. 목표 없이 달리는 것은 육체노동일 뿐이지만 목표가 있으면 달리기가 힘들어도 기꺼이 감내하고 버티게 된다. 그것을 이루고 싶은 의지가 강해지기 때문이다. 당신에게는 어떤 목표가 있는가? 없다면 지금 당장 목표부터 정하라. 그 목표가 스스로 강력하게 원하는 것일수록, 자신을 감동시킬 만큼 매력적일수록 좋다.

# 2
# '첫 계단'을 넘지 않고
# '마지막 계단'을 오를 수 없다

선수들이 가장 중요하게 언급한 목표 설정에 대해서는 이견이 없다. 하지만 우리의 머릿속에는 하나의 격언이 계속 맴돌며 우리를 괴롭혔다.

'인간은 희망하기에 절망한다.'

목표는 언뜻 희망과 동일한 의미로도 읽힌다. 이루고 싶은 바람이라는 점에서 말이다. 목표란 곧 자신이 도달하고자 하는 희망의 장소 아니겠나. 하지만 그 희망이 손에 닿지 않을 만큼 높은 곳에 있다면 어떨까? 희망이 클수록 절망도 큰 법이다. 자신이 원하는 것을 얻지 못했을 때 사람은 그만큼 절망하고 방황하기에 희망은 때때로 잔인한 단어로 우리의 인생에 다가오기도 한다.

그래서 어떤 이들은 몰입에 대해 말할 때 목표에 대해 부정적으로 이야기하기도 한다. 굳이 높은 목표를 설정하여 자신을 그 안에 매몰시키지 말라고 말이다. 그럴 경우 오히려 목표가 독이 되어 하고 있는 일에 몰입하지 못하도록 할 수 있다고 했다. 그것이 쉽게 절망하고 포기하게 만드는 요인으로 작용할 수 있기 때문이다. 물론 그들의 이야기도 어느 정도 맞는 말이다.

인터뷰할 때도 그런 관점에서 선수들에게 목표가 어떤 의미인지 좀 더 깊이 들여다봤다. 금메달이란 세계 정상을 꿈꾸며 여기까지 달려오는데 절망하거나 포기하고 싶은 순간이 없었을까? 그들을 여기까지 몰입하여 오게 만든 진짜 힘은 무엇일까? 우리는 많은 선수들과 인터뷰하면서 그 궁금증을 해소할 수 있었다.

그들에게 목표는 하늘 위에 떠 있는 별이 아니었다. 금메달이란 최종 목표는 자신이 밟아왔던 수많은 계단들 중 하나이자 마지막 계단일 뿐이었다. 선수들마다 시기적으로 약간의 차이는 있었지만 금메달을 목에 걸기까지 그들은 대략적으로 다음과 같은 과정을 겪는다.

① 학창 시절 운동을 시작한다.
② 능력을 인정받고 학교 대표로 시도 대회에 나간다.
③ 입상 후 전국 체전에 나가서 상을 받는다.
④ 국가대표 선발전을 치르고 뽑힌다.
⑤ 올림픽에 출전한다.
⑥ 차츰 순위권에 진입하여 마침내 금메달을 목에 건다.

2016년 리우데자네이루 올림픽에서 극적인 반전 드라마를 쓴 펜싱 부문 금메달리스트 박상영 선수도 이 단계를 거치며 금메달을 손에 거머쥐었다.

"제가 중학교 1학년 때 10년 동안 이룰 계획을 세웠어요. '고등학교 때는 국가대표가 되겠다.' '대학교 1학년 때 아시안 게임에 나가 금메달을 따겠다.' '대학교 3학년 때 올림픽 금메달을 따겠다.'라고요. 그 당시 제가 할 수 있는, 해내야 하는 최고 수준의 목표들이었죠. 그런데 거의 다 이루었어요. 그런 생각을 하고 다짐했던 제 자신이 신기하지만 목표를 세운 다음에 이루고 또다시 더 높은 목표를 세우는 과정이 있었기에 금메달까지 딸 수 있었다고 생각해요."

금메달이 최종 목표인 선수들조차 이 단계를 건너뛰고 단번에 금메달리스트가 된 사람은 한 명도 없었다. 그리고 그들이 당면한 최우선 목표는 금메달이 아닌 눈앞에 놓인 상황을 넘어서는 것이었다. 그 상황을 어떻게 극복하느냐에 따라 다음 단계로 나아갈 수 있게 되고 상향 조정된 목표를 이루고 싶은 의지도 생긴다. 이는 우리에게 목표에 대한 아주 중요한 사실 한 가지를 알려준다.

'목표란 단번에 이루는 것이 아닌 단계별로 성취해나가는 것이다.'

뱁새가 황새를 따라가려 하면 가랑이가 찢어지듯이, 스스로 이루지 못할 버거운 목표를 세우면 언젠가 그 목표는 독이 되어 돌아온다. 목표란 크기가 중요한 것이 아니다. 자신의 현재 능력으로 그 목표를 이룰 수 있는가, 없는가에 대해 객관적으로 판단하는 것이 중요하다.

만약 자신의 능력이 현재의 목표를 이루기에 부족하다면, 이를 인정하고 목표를 하향 조정해야 한다. 작은 목표라도 먼저 달성해보는 것이 무작정 높은 목표를 정하는 것보다 훨씬 자신에게 도움이 된다. 전체의 과정을 밟을 수 선수들에게 금메달이란 최종 목표는 하늘 위에 떠 있는 별이 아니다. 자신이 지금까지 밟아왔던 수많은 계단 중 하나일 뿐이다.

있는 하나의 계단으로 만들었을 때, 비로소 자신이 원하는 큰 목표로의 단계적 진입이 가능해진다.

어떤 선수의 최종 목표가 메달을 따는 것이라고 하자. 그러나 현재 자신이 지역 입상도 하지 못했다면 그가 당장 이뤄야 하는 목표는 메달을 따는 것이 아니라 도 대회나 시 대회에서 입상하는 것이다. 만약 입상을 했다면 그다음 목표는 전국 체전에서 입상하는 것이어야 한다. 그렇게 해서 국가대표가 될 자격을 갖춰야 비로소 올림픽에 출전해 메달을 딸 가능성도 높아지게 된다. 최고의 선수들은 그 누구보다 이 점을 명확하게 인지하고 있었다. 금메달을 목표로 한 자신이 그 목표에 잡아먹히지 않았던 이유는 단계별로 이 목표들을 성취했기 때문이다. 한 걸음 한 걸음 계단을 밟아 올라가다 보니 하늘 위에 떠 있던 목표가 손에 닿는 보석이 된 것이다.

많은 사람들이 목표를 쉽게 포기하는 이유는 자신의 목표가 손에 닿지 않는 희망에 가까워서다. 한 학생을 예로 들어보자. 이 학생의 최종 목표는 서울대학교에 가는 것이다. 다른 과목의 성적은 상위 1%에 해당할 정도로 훌륭한데 유독 수학 성적만 좋지 않다. 이 학생이 서울대학교에 가려면 어떻게 해야 할까?

많은 사람들이 목표를 쉽게 포기하는 이유는 자신의 목표가 손에 닿지 않는 희망에 가까워서다.

일단 수학 공부를 해서 다른 과목만큼 수학 성적을 올려야 한다. 이 학생이 수학 과목에서 최상위 등급의 점수를 받으려면 다시 세부적으로 목표를 세워야 한다. 전반적으로 개념을 모른다면 먼저 개념 공부부터 하는 것이다. 그러고 나서 제일 취약한 부분이 무엇인지 파악하여 집중 공부를 한다거나, 가장 잘할 수 있는 단원을 더 공부하여 실수를 줄여서 성적을 조금이라도 더 올리는 전략을 짜야 한다. 처음에는 10점, 그다음은 20점, 차츰 점수를 높여서 원하는 등급까지 성적을 올리는 것이다. 그런 단계별 과정을 밟으면 서울대학교에 갈 확률이 점진적으로 높아진다.

직장인도 마찬가지다. 신입사원이 계열사 사장이 되겠다는 목표를 세웠다. 그렇다면 먼저 3년 차, 5년 차, 10년 차 단계별로 스스로 어떻게 발전할 것인지 목표를 세워 성과를 내야 한다. 그런 계단을 밟지 않고서는 사장은 그저 허황된 꿈이나 이루지 못할 희망에 불과하다. 목표 때문에 희망고문 당하고 싶지 않다면 먼저 단계별로 목표를 세우고 성취하라. 그리고 최종 목표를 이룰 자격을 갖춰라. 계단을 밟지 않은 사람에게는 결코 목표를 가질 자격도 주어지지 않는다. 한 단계를 넘어야 그다음 단계가 가시권에 들어오는 법이다. 그때 목표는 비로소 꿈이 아닌 현실이 된다.

어느 순간 우리들은 생각한다. '현실적으로 생각해야 해.' 물론 현실을 아는 것은 중요하다. 그러나 그 현실이 포기여서는 안 된다. 다음 계단을 밟기 위해 자신의 위치에서 숨을 고르고 눈앞에 놓인 계단을 올라서려는 노력이어야 한다. 시작할 때부터 포기하고 싶은 사람은 없다. 그리고 우리는 모두 자신의 목표를 이룰 가능성이, 잠재력이 충분한 사람들이다. 그러니 목표를 포기하지 말고 현실에 맞게 조정하여 먼저 눈앞의 목표부터 넘어서보자. 선수들에게 목표가 희망이 아닌 가능성과 확신을 내포한 현실적인 무엇이 된 것처럼 말이다.

선수들과 인터뷰를 하며 우리는 또 한 가지를 알게 되었다. 목표는 원하는 것이 아니라 가질 수 있는 것이어야 한다. 한 가지 목표를 이루면 그다음 목표를 이루는 것 또한 조금은 더 쉬워질 것이다.

---

## "단계별 목표를 설정하라."

한 가지 목표를 이루는 것은 그다음 목표로 가는 계단을 놓는 것과 같다. 계단을 밟지 않은 사람은 목표를 가질 자격이 없다. 계단을 차근차근 밟아야 하늘 위에 떠 있는 별 같던 목표가 내 손 안에 움켜쥘 수 있는 보석이 된다. 아주 작은 것이라도 좋다. 이룰 수 있는 목표부터 세우자!

# 3

# 목표라는 도면을
# 마음이란 도구로 설계하지 마라

최초의 목표와 단계별 목표, '최종 목표'라는 하나의 지향점을 갖고 구체적인 방법을 모색한다는 점에서 두 가지 다 중요하다. 하지만 이를 잘 세우고 성취하는 것은 말처럼 쉽지 않다. 왜 그럴까?

일단 우리가 목표를 세울 때 어떻게 하는지부터 천천히 생각해보자. 머릿속에 그림을 그렸는가? 그 그림이 혹시 이런 과정으로 진행되지는 않는가? '시작이 반이다.'라는 격언을 가슴에 품고 들뜬 마음으로 목표를 세운다. 목표를 이룬 완벽한 자신의 모습을 상상하면서 거기에 도취된다. 그때 설렘과 할 수 있다는 의지가 불타오른다. 그러다 보면 어느새 이루고 싶지만 이룰 수 없는 목표와 노력하면 이룰 수 있는 목표들이 뒤엉켜 계획만 무성해진다. 거창해진 리스트를 보며 설렘이 벅참과 부담감으로 바뀌는 순간, 하고야 말겠다는 의지는 사라지고 슬쩍 포기를 선언한다.

자, 다시 돌아가서 이제 문제가 무엇인지 짚어보자. 어떤 일을 할 때 가장 중요한 것은 시작이다. 그 시작이 목표 설정이라면 우리는 언제나 시작은 완벽하다. 하지만 과정이나 끝이 없다면 어떨까? 시작점이 잘못되었거나 도중에 문제가 생긴 것이다. 그렇다면 어떻게 해야 이 문제를 바로잡고 체계적으로 목표를 잘 세울 수 있을까? 우리가 인터뷰한 선수들에게서 발견한 몇몇 특징을 체계적으로 정리해봤다. 앞으로 이것을 바탕으로 우리는 차근차근 목표를 세워 볼 것이다.

먼저 목표를 세울 때 우리는 크게 두 가지를 생각해야 한다. 최종 목표와 그 목표를 이루기 위한 작은 목표다.

최종 목표는 목표 중에서 가장 상위 개념으로, 우리가 궁극적으로 나아가고자 하는 방향을 말한다. 즉 '목적'인 셈이다. 우리는 편의상 이것을 '목적 목표'라고 부르겠다. 금메달리스트를 예로 들면 금메달을 목에 걸겠다는 다짐이 목적 목표다. 고등학생이라면 명문 대학교에 진학하는 것이, 직장인이라면 일하지 않고도 완전한 경제적 자유를 얻는 것이나 임원이 되는 것이 목적 목표가 될 수 있다. 물론 이것 외에도 얼마든지 다른 상위 목표를 지향할 수 있다. 여기서는 다만 여러분의 이해를 돕기 위해 예를 든 것뿐이다.

작은 목표들은 최종 목표를 이루기 위해 단계적으로 밟아나가야 하는 것들을 말한다. 일종의 '도구'인 셈이다. 우리는 이것을 '도구 목표'라고 부르겠다. 어떤 선수의 최종 목표가 올림픽에서 금메달을 따는 것이라면 이 선수에게 필요한 도구 목표들은 도 대회에서 입상하는 것, 전국 체전에 나가는 것, 국가대표로 발탁되는 것, 올림픽을 경험하는 것 등이다. 어떤 학생이 명문 대학교에 입학하는 것이 최종 목표라면 반에서 3등을 하고 자신의 학교에서 상위 10% 안에 들고, 지역구나 전국에서 상위권에 드는 것이 도구 목표가 될 것이다. 직장인도 마찬가지다. 경제적 자유가 최종 목표라면 3년 안에 1억의 시드머니 만들기, 투자 관련 도서 읽기 등이 목적 목표를 이루는 데 필요한 도구 목표가 될 것이다. 그리고 이 목표들을 하나하나 완수할 때마다 최종 목표에 조금씩 가까워지게 된다.

우리가 이 두 가지 개념의 목표를 세울 때 고려해야 할 것이 있다. 먼저 목적 목표의 경우 다음 3가지 사실을 염두에 두고 세워야 한다. 첫 번째는 자신의 욕구를 반영한 목표를 세우는 것이다. 욕구가 없다면 자발적인 의지와 몰입도 없다. 목표를 세우는 데 필요한 욕구가 무엇인지 알고 싶다면 먼저 자신의 욕망을 들여다보라. 거울을 들여다보듯 자신을 보며 스스로 진짜 원하는 것이 무엇인지, 그 구체적인 모습은 무엇인지, 나아가 자신이 진짜 원하는 삶은 어떠한 삶인지 찾아라. 이를 바탕으로 최종 목표를 설정해야 한다.

두 번째는 현실 가능성을 고려하는 것이다. 돈키호테와 체 게바라는 이룰 수 없는 꿈을 꾸라고 이야기했지만 우리가 최고의 선수들에게서 발견한 사실은 달랐다. 이룰 수 없는 목표는 결코 몰입에 도움이 되지 않는다.

몰입이란 현실에서 이루어지는 것인데, 이룰 수 없는 꿈은 비현실적이므로 이 둘은 이율배반적이다. 따라서 이룰 수 있는 목표와 이룰 수 없는 목표를 잘 구분해야 한다. 그 기준은 먼저 자신을 철저하게 분석하는 것이다. 자신을 과대평가하지도 과소평가하지도 말라는 의미다. 허영심과 과시욕을 빼고 스스로 구현할 수 있는 최고의 가치를 찾는 이룰 수 없는 목표는 결코 몰입에 도움이 되지 않는다.

과정이 반드시 필요하다.

세 번째는 지금의 목적 목표가 인생의 최종 목표는 아니라는 점을 분명히 인지하는 것이다. 목표를 이루려면 대체로 오랜 시간이 필요하다. 하지만 그것이 우리가 살아가야 할 날보다 길진 않다. 즉 목표를 이루더라도 삶은 계속되고 목적 목표는 얼마든지 더 상위 개념의 것으로 바뀔 수 있다. 올림픽 출전을 앞둔 국가 대표들의 최종 목표는 금메달이지만 금메달을 따고 나면 목표도 바뀌어야 한다.

우리가 인터뷰한 금메달리스트들도 올림픽 이후 새로운 목표들이 생겼다고 말했다. 누군가는 올림픽 2관왕이란 목표를 세웠고, 누군가는 지도자의 꿈을 꾸기 시작했다. 누군가는 사업이나 교육 등 전혀 다른 꿈을 꾸기도 했다. 이처럼 최초의 목적 목표를 달성하면 그 목표는 그다음 목표를 달성하는 데 필요한 도구 목표로 바뀐다. 이 3가지 사실을 고려해 자신의 목표를 잘 설정하는 것이 목표 설정의 첫걸음이다.

도구 목표를 세울 때도 다음 3가지를 기억해야 한다. 첫 번째로 이 목표가 최종 목표와 밀접하게 연관되어 있어야 한다. 도구 목표는 최종 목표를 이루기 위한 발판이다. 단연코 두 번 생각하지 않고도 해당 목표가 목적 목표를 이루는 데 명확히 도움되는 것이어야 한다. 그래야 방향을 잃지 않고 끝까지 나아갈 수 있다.

두 번째는 성취감을 지속적으로 느끼도록 목표의 수위를 조절하는 것이다. 성취감은 의욕을 불러일으킨다. 작은 목표라도 달성하여 성취감을 느끼면 그것이 최종 목표를 향한 몰입을 유지하는 데 중요한 촉매재가 된다. 따라서 성취감을 지속적으로 얻는 것이 중요하다. 목표의 기준치가 낮아 성취감도 덩달아 낮거나 반대로 기준치가 너무 높아 성취감을 얻기까지 오래 걸린다면 목표를 수정해야 한다. 특히 목표가 높아 제 풀에 지쳐 나가떨어지는 불상사가 일어나면 안 된다. 결국 목적 목표에 다다르기까지 도구 목표라는 계단을 얼마나 촘촘하게 설계하는가가 관건이다. 각각의 계단이 걸어 올라가기에 너무 낮거나, 너무 높지 않은가에 대한 고민은 도구 목표를 설정할 때 중요한 고려 요소다.

세 번째는 목표가 구체적이고 검증할 수 있는 것이어야 한다. 이는 자신이 정한 목표 로드맵에서 현재의 위치를 판단하게 해주기 때문에 아주 중요하다. 금메달리스트가 완수했던 작은 목표들은 도 대회 입상, 전국 체전 입상, 국가대표 발탁 등 모두 구체적이고 검증할 수 있는 것들이었다. 이를 통해 성취감을 얻고 그것을 토대로 다음 단계의 목표를 세웠다. 명문 대학교 진학이 학생의 목적 목표라면 도구 목표는 대학 진학에 필요한 요소들을 채울 수 있는 구체적인 것이어야 한다. 가령 '이번 달은 공부를 열심히 하겠다.'라는 다짐보다 '이번 달은 책상 앞에 앉아 있는 시간을 주 50시간으로 늘리겠다.'라거나 '부족한 부분의 문제 유형만 모아놓은 문제집을 한 달에 한 권 풀겠다.' 등이 도구 목표로서 더 적합하다. 경제적 자유를 얻기 위해 많은 돈의 시드머니를 만들겠다는 목표보다는 3년 동안 1억의 시드머니를 만들겠다는 목표가 더 적합하다. 임원이 되기 위해 열심히 일하겠다는 목표보다 올해 업무 성과를 작년 업무 성과보다 한 단계 높이겠다는 목표가 훨씬 적합하다. 실현 가능한 범위 안에서 구체적이고 명확히 평가할 수 있는 것이어야 달성했을 때 성취감도 뒤따라온다. 이 3가지를 모두 고려해 목표를 촘촘히 설계했을 때, 각 과정마다 몰입할 수 있다.

흔히 사람들이 목표를 세우고 달성할 때 가장 중요한 것은 마음가짐이라고 말한다. 마음먹기에 따라 결심하고 행동하는 것이라고 말이다. 하지만 사람의 마음은 유동적이고 불명확하다. 생각해보자. 우리의 어제 마음과 오늘 마음이 똑같았던 적이 정말 있던가? 하루에도 수십 번씩 왔다 갔다 하는 것이 사람 마음인데, 하나의 목표를 이루기 위해 오랫동안 같은 마음을 유지한다는 것은 불가능에 가깝다. 그러므로 마음가짐에 기대어 목표를 이루겠다고 생각하는 것은 무척 위험한 일이다. 몰입에 관한 인터뷰를 진행하며 우리가 분명히 알게 된 것은 그 어떤 금메달리스트도 마음가짐만으로 4년을 버티진 않았다는 것이다. 목표를 이루겠다고 다짐했던 마음도 물론 중요하다. 하지만 목표를 달성하는 데 필요한 강력한 의지와 행동력은 마음이 아니라 구체적인 목표와 성취감에서 비롯된다. 최고의 선수들은 목표를 구체화하고 달성함으로써 더 깊게 몰입했다. 점점 더 높은 단계의 목표를 설정하고 그것을 이룸으로써 최종 목표에 다가섰다.

공부를 잘하고 싶은가? 직

어제와 오늘 마음이 똑같았던 적이 정말 있던가? 하루에도 수십 번씩 왔다 갔다 하는 것이 사람 마음이다. 오랫동안 같은 마음을 유지한다는 것은 불가능에 가까운 일이다.

몰입을 유지하는 가장 강력한 힘은 목표와 목표 사이를 촘촘히 하는 것이다. 보이지 않는 마음에 기대지 말고 보이는 결과를 이끌어낼 수 있는 목표를 세워라.

장에서 성과를 내고 싶은가? 그래서 의욕적으로 여러 계획을 세우긴 세웠는데 어디서부터 해야 할지 막막한가? 슬슬 귀찮고 포기하고 싶은 마음이 비집고 들어오는가? 그렇다면 먼저 자신의 목표를 재점검하라. 목표와 목표 사이를 촘촘하게 만들어라. 하루에도 12번씩 바뀌는, 보이지 않는 마음에 기대지 말고 보이는 결과를 이끌어낼 수 있는 목표를 세워라. 최고의 선수들이 몰입하고 그 몰입을 유지할 수 있었던 가장 강력한 힘은 바로 여기에서 나왔다.

---

## "마음가짐을 믿지 마라.
## 보이는 목표만 믿어라."

목표는 또 다른 목표를 먹이로 성장하는 생물과 같다. 목표가 커다랗고
이루기 힘든 것일수록 먹이가 되어야 하는 목표도 많은 법이다. 하지만
이 생물은 성장하기 위해 한꺼번에 많은 먹이를 먹지 않는다. 한 번에 딱
한 가지 먹이만 먹는다. 지금 뭔가를 이루고 싶어 당신의 마음에 '먹이'가
되어야 할 목표를 가득 채워뒀다면 과감하게 내려놓자. 그러고 나서 눈
앞에 보이는 딱 한 가지 먹이에만 집중하자.

**2**장

해야 하는 일에 몰입하려면 어떻게 해야 할까. 해야 하는 일을 즐겁게 하려면 어떻게 해야 할까. 우리가 제시하고 싶은 답은 이것이다. 일단 무엇이든 잘하려고 해봐라. 어떤 형태든 성취를 이뤄라. 그것이 당신에게 흥미를 만들어줄 것이다. 그 흥미가 목표에 몰입하는 데 필요한 진짜 '흥미'다.

당신에게 묻는다,
몰입을 위해 무엇까지
버릴 수 있는가

Final
FLOW

# 4

# 결국, 나뿐이다
# 결국, 나만이다

목표를 세우고 몰입하여 끝까지 실천하는 것이 중요하다는 것은 알겠다. 하지만 그 목표에 끝까지 몰입하려면 과연 어떻게 해야 할까? 2장에서는 바로 그 부분에 대한 이야기를 해보려고 한다. 다양한 선수들이 어떻게 끝까지 자신의 목표에 몰입할 수 있었는지, 그들이 강조한 역량을 7가지로 나누어 설명할 것이다. 미리 밝혀두자면, 이 7가지 역량이 다 필요한 것은 아니다. 자신에게 맞는, 더 개발할 수 있는 몇 가지 역량만 갖추고 키우는 것으로도 충분하다. 이 책에 등장하는 선수들도 그랬으니까 말이다. 덧붙여 이 장을 읽다 보면 일종의 천재나 넘을 수 없는 높은 벽처럼 느껴졌던 최고의 선수들이 얼마나 우리와 비슷한지, 그들조차 목표에 몰입하려 얼마나 노력해야 했는지 알 수 있을 것이다.

그전에 먼저 이 책을 쓰면서 우리가 금메달리스트에 대해 가지고 있던 환상 또는 고정관념에 대해 먼저 고백하겠다. 우리는 인터뷰하기 전 우리에게는 없는 어떤 마음가짐이 그들에게는 있을 거라고 생각했다. 가령 강한 애국심과 국민의 염원을 대신 이뤄내야 한다는 책임감 같은 것 말이다. 국가대표이니까, 보통 사람은 해내기 어려운 일을 해내고 만 '영웅'이니까 정의롭고 희생정신도 투철하고 마음가짐도 뭔가 다를 것이라고 생각한 것이다.

하지만 그것은 우리의 완벽한 착각이었다. 남자 쇼트트랙의 전설이자 1998년 나가노 올림픽에서 금메달을 거머쥔 선수로 활약했던 김동성 해설위원은 우리와의 인터뷰에서 이렇게 지적했다. "올림픽이 국가 대항전이긴 하지만 선수들이 올림픽을 대하는 태도와 생각은 좀 다른 것 같아요. 나라를 위해서라기보다 내가 이 분야에서 최고가 되고 싶어 금메달을 따야겠다는 생각이 더 강하죠. 선수들은 금메달을 목에 걸었을 때 얻는 성취감이 그동안 노력해왔던 시간들을 보상해준다고 생각해요. 선수들에게는 그게 우선인 거죠. 결국 나 자신을 위해 뛰는 겁니다."

그들은 나라를 위해 싸우지도, 국민을 위해 싸우지도 않았다. 영웅이라기보다 전사에 가까웠다. 한 분야에서 최고의 위치에 올라서기까지 투쟁하고 이겨낸 한 사람일 뿐이었다. 이런 사실은 그들이 가지고 있는 놀라운 집중력에 대해 이해하는 데 굉장한 도움이 되었다. 닿을 수 없는 존재 같았던 그들이 우리와 다를 바 없는 욕망을 가진 한 사람이라고 생각한 순간 그들이 가진 몰입의 실체가 현실적으로 다가왔기 때문이다.

또한 이것은 우리가 처음 생각한 '주도적 몰입'의 대전제와 맞닿아 있었다. 우리가 처음 이 이야기를 시작할 때 주도적 몰입이란 자신의 욕망이 반영되어야 한다고 말했다. 그래야 뭔가를 이루기 위해 자발적으로 행동하고 몰입 상태를 유지할 수 있다고 말이다. 금메달리스트들이 꼭 그러했다. 최고가 되겠다는 목표는 모두 자신의 욕망에서 비롯되었다. 그래서 오직 '자신만을 위한 몰입'을 할 수 있었고 금메달이라는 최고의 결과를 얻

나라를 위해서라기보다 내가 이 분야에서 최고가 되어야겠다는 생각이 더 강하죠. 금메달을 땄을 때의 성취감이 그동안 노력해왔던 시간들을 보상해준다고 생각해요.

었다.

선수들이 입을 모아 이야기했던 몰입을 위한 첫 번째 마음가짐은 '철저하게 자신만 생각해야 한다.'라는 것이었다. 어떤 선수는 자신의 삶 전체를 개인주의라고 했고, 어떤 선수는 운동할 때만큼은 개인주의적이라고 말했다. 중요한 것은 대부분의 선수가 자신의 분야에서만큼은 개인주의적으로 행동한다고 말한 것이다. 2008년 베이징 올림픽에서 금메달을 따며 한국 배드민턴계의 간판으로 활약해 오던 이용대 선수 역시 같은 이야기를 했다.

"자기중심적인 선수가 왜 잘하는지 아세요? 그렇게 하지 않으면 도태되고 마니까요. 최고의 자리는 딱 하나인데, 그 자리에 오르려면 수천 명의 사람들과 경쟁해야 하잖아요. 자기만 생각할 수밖에 없죠. 경쟁 상대를 이기기 위해 자기 역량을 더 키우고 경기 노하우를 더 쌓으려고 하는 것도 같은 이유고요.

저도 선수 생활 하기 전에는 엄청 온순했어요. 그런데 지금은 제 아내가 저한테 가끔 그런 이야기를 해요. '오빠 왜 이렇게 됐어? 너무 이기적으로 변한 거 같아.'라고요. 사실 결혼 생활에도 이런 성향이 영향을 미치는 것 같아요. 예를 들면, 저는 운동선수니까 체력을 유지하는 게 꽁

장히 중요해요. 훈련도 꾸준히 해야 하고 체력 안배가 필수죠. 밥을 먹고 한숨 자야 훈련을 할 수 있어요. 그런데 아이를 돌봐야 하니까 제대로 잠을 못 자요. 운동을 할 수가 없는 거죠. 그때부터 훈련 스케줄이 다 망가지고…. 그래서 아내한

자기중심적인 선수가 왜 잘하는지 아세요? 그렇지 않으면 도태되니까요. 최고의 자리는 딱 하나뿐입니다. 그 자리를 위해 수천 명과 경쟁해야 해요. 자기만 생각하는 건 당연한 거죠.

테 부탁해요. 나는 진짜 1년이라도 더 뛰기 위해서 내 몸을 관리한다. 그러니 훈련에 집중할 수 있게 좀 도와달라고요. 남편이자 아빠로서는 이기적이라는 거 알아요. 하지만 제가 잘 관리해서 선수로서 활약하고 금메달도 따고 더 오래 선수 생활 하는 게 결과적으로는 우리 가족을 위하는 일 아닐까요?

선수 입장만 고려하더라도 저는 개인주의적인 성향이 필요하다고 생각해요. 나쁘게 말하면 이기적인 거지만 좋게 말하면 자기 관리인 것 같아요. 저도 처음에는 나쁘다고만 생각했는데 지금은 오히려 더 그 부분을 강화하려고 해요. 그래야 이 생활을 더 오래할 수 있거든요. 사람들이 몰입하기 위해서 운동선수에게 뭔가를 배워야 한다면 개

인주의적인 성향이라고 생각합니다. 철저하게 자신을 고립시키고 타인을 배제한 채 내 편은 나밖에 없다는 사실을 알면 그 자체로 확 몰입되는 순간이 있거든요. 그러니까 스스로 중요하다고 생각하는 게 있으면 한 번쯤은 정말 이기적으로 덤벼들어서 그 일에 몰두하고 원하는 것을 쟁취했으면 좋겠어요. 나에게 힘이 있어야 다른 사람도 도울 수 있는 거지, 어정쩡하게 도와주면서 같이 가다가는 자기 목표에 도달할 수 없어요."

처음 선수들이 "개인주의적으로, 더 이기적으로 행동해야 한다."라고 말했을 때 위험하리만치 솔직한 발언이라고 생각했다. 이런 말을 옮기는 것이 그들의 이미지를 깎아내리는 일이 될까 봐 솔직히 걱정도 많았다. 하지만 몰입이라는 관점에서 그들이 말하는 '개인주의적 성향'을 살펴보니 오히려 잘못 생각하고 있었던 것은 우리였다는 사실을 깨달았다.

선수들은 동료 선수가 훈련 스케줄을 어떻게 소화하는지 전혀 관심을 두지 않았다. 그들은 오직 자신에게만 집중했다. 스스로 오늘 하루 정해놓은 자신의 스케줄을 어떻게 소화했는지, 그 결과 어떠한 성취를 이뤘는지에만 관심을 두었다.

2012년 런던 올림픽에서 한국 체조 역사상 첫 금메달을 목에 걸며 '도마의 신'으로 불리고 있는 양학선 선수도 마찬가지였다.

"저는 훈련이 뜻대로 잘 안 되면 일단 짜증이 나요. 제가 목표한 만큼 도달하지 못했으니까요. 그 과정에서 다른 선수들이 잘하든 못하든 그런 건 상관없어요. 다른 선수들의 훈련 성과에 따라 제가 목표에 도달하느냐 못하느냐가 결정되는 건 아니잖아요. 제 만족도를 좌우하는 건 오직 제가 세운 목표뿐이에요. 오늘 운동한 결과가 그 목표를 이루는 데 도움이 되었는지에 따라 결정되는 거죠."

개인주의적이라는 게 나쁘게 말하면 이기적인 것이지만 좋게 말하면 자기 관리가 철저한 거죠. 내 편은 나밖에 없다는 생각으로 덤벼들면, 못할 게 없거든요.

선수들 대부분이 강조한 이기심이나 개인주의는 사회에서 통용되는 의미와 분명히 달랐다. 나의 이익을 위해 타인을 깎아내리는 것이 아니기 때문이다. 그들에게 개인성은 그저 자신의 목표를 향해 나아가기 위해서 반드시 필요한 역량이었다.

사실 우리가 어떤 일에 몰입하려는 까닭은 그 행위를 통해 더 나은 자신이 되고 싶어서다. 이 말은 몰입이란 결국 철저하게 개인적인 행위라는 의미다. 그런 관점에서 본다면 자신을 위해 행동하는 데 집단성이 존재할 것이라는 가정 자체가 모순이다. 철저히 자신에게 몰입해서 금메달을 거머쥔 선수들에게 배려나 협력과 같은 가치를 추출하려 했던 우리의 생각이 얼마나 큰 착각이었는지 깨닫게 되는 순간이었다.

인터뷰를 하면서 생각이 바뀐 것은 오히려 우리였다. 제대로 몰입하고 싶은 사람에게 집단성은 결코 도움이 되지 않는다. 선수들은 자신에게 집중함으로써 몰입할 수 있는 최적의 환경을 스스로 만들었다. 자신이 세운 목표와 성과만을 바라봤기 때문에 4년 동안 그 길에 몰입할 수 있었다. 그 순간 자신을 둘러싼 모든 것들은 사라진다. 지인도, 가족도, 바로 옆 동료도 신경 쓰지 않는 상태가 된다. 그렇게 모든 것이 사라지고 나면 온전히 홀로 남은 자신과 마주한다. 그리고 오직 자신만을 바라본다.

박상영 선수는 사실 그 과정이 운동만큼 매우 힘든 일이라고 고백했다. "가끔 이렇게 치열하게 경쟁해야 하는 일을 왜 했을까 회의감이 들 정도로 너무 힘들어요. 몸이 힘든 것보다 마음이 힘들 때가 더 많거든요. 사실 경쟁을 하다보면 누구든 마음이 상할 수 밖에 없어요. 한 명이 우위에 서면 누군가는 떨어져야 하니까요. 떨어진 사람에게 붙은 사람은 얼마나 눈엣가시겠어

우리가 어떤 일에 몰입하려는 것은 그 행위를 통해 더 나은 자신이 되고 싶어서다.

요. 걸림돌 같고요. 마음을 털어놓거나 위로가 되는 대상이 없다는 건 정말 외로운 일인 것 같아요. 제 성격상 이런 환경을 즐기지는 못하고 그저 버티고 있는데요. 더 오래, 더 잘하고 싶다면 이 문제를 극복해야 하는데, 아직 풀지 못한 숙제입니다. 그렇지만 한편으로는 내가 가고자 하는 길을 가려면 어쩔 수 없이 받아들여야 하는 일이라고도 생각해요. 나로 인해 떨어진 사람들의 한과 원망까지도 다 짊어지고 가야 하는 게 이 길의 숙명이 아닐까 하면서요."

선수들 역시 사람이기에 그런 순간들이 괴롭지 않다면 거짓말일 것이다. 하지만 그들은 몰입하기 위해, 집중하기 위해서는 철저히 혼자가 되어야 한다는 사실을 잘 알고 있었다. 자신을 고립시키기를 주저하지 않았다. "개인주의적인 인간으로 변할 수밖에 없어요. 왜냐하면 지금 눈앞에 놓인 '나'라는 대상을 이겨야 하니까."라고 말했던 권투계의 전설이자 1988년 서울 올림픽 복싱 부문 금메달리스트

김광선 선수를 비롯해 수많은 선수들의 말은 우리에게 큰 깨달음을 주었다.

'목표'에 더 깊이 몰입하려면 어떻게 해야 할까. 어떤 마음가짐과 태도가 필요한 것일까. 그 질문에 선수들은 단호하고 분명하게 말했다.

"누구를 위하지도 다 함께하려고도 하지 마세요. 몰입은 일단 마주한 지금의 나와 치열하게 맞서고 그 존재부터 넘어서는 것입니다. 그 과정에서 다른 사람을 신경 쓸 겨를이 있을까요? 오직 '나'에게만 집중하면 됩니다."

인간은 사회적 존재다. 이 말은 사회 안에서 수많은 타인과 더불어 살아가야 하는 우리의 속성을 설명하는 아주 오래된 격언이다. 그래서 우리는 배려나 '함께 또 같이'가 중요하다고 늘 배워왔다. 하지만 학벌이, 취업한 기업이, 결혼한 대상이, 내 집의 평수가 곧 인생의 등급이니 더 치열하게 경쟁하라고 종용하는 사회에서 나 자신보다 타인을 더 생각하는 게 정말 가능한 일일까?

괴테의 말처럼 돌을 깨는 망치가 되거나, 망치에 의해 깨지는 돌이 될 수밖에 없는 상황에 놓인 우리에게 과연 함께라는 가치가 의미 있는 걸까?

이 시점에 우리 다시 생각해보자. 나 자신이 무엇을 원하는지 가슴에 손을 얹고 진지하게 물어보자. 나는 이 사회에서 어떤 인간이 되고 싶은가. 내 인생에서 어떤 존재가 되고 싶은가. 어제보다 오늘 좀 더 나은 인간이 되기 위해 우리는 현재 최선을 다하고 있는 것이 아닌가? 그런 관점에서 인생을 좀 더 가치 있게 만들어가기 위해 자신에게 집중하는 행동을 과연 반사회적 행동이라 규정할 수 있을까? 자신에게 투자하고 열심히 공부하는 것, 타인에게 두었던 관심을 나에게로 가지고 오는 것, 그래서 자신의 인생에 최선을 다하는 것, 적어도 이 책에서만큼은 잘못된 일이 아니라고 말하고 싶다.

오히려 우리는 사람들이 더 자신만 생각하길 바란다. 그리고 그 과정에서 스스로 이기적이라 자책할 필요가 없다고 이야기해주고 싶다. 최소한 자신의 인생을 책임지려는 노력만큼은, 그 선택만큼은 옳은 것이기 때문이다.

금메달리스트에게 올림픽이란 무대가 있듯이, 우리 모두에게는 각자가 활약해야 하는 인생의 무대가 있다. 그 무

누구를 위하지도 다 함께 하려고도 하지 마라. 몰입은 오직 지금 마주한 나부터 넘어서는 것이다.

대의 주인공으로서 우리는 공연이 끝날 때까지 몰입해야 할 의무가 있다. 그러려면 적어도 자신이 싸워야 하는 무대에서만큼은 이 최고의 선수들처럼 오직 자신에게만 집중하는 철저한 개인주의적 성향이 필요하다.

'철저하게 개인주의가 되어라.' 이처럼 불편한 말도 없을 것이다. 하지만 몰입하기 위해 이처럼 필요한 말도 없다.

---

# "철저하게 나만 생각하라."

개인주의라는 말은 불편하다. 나를 못되고 욕심 많은 인간으로 만들기 때문이다. 하지만 원하는 목표를 이루기 위해 몰입하고 싶다면, 그 목표를 이루어 자신의 인생을 더 근사하게 만들고 싶다면 '어떤 인생을 만들겠다.'라는 나만의 욕심은 반드시 필요하다. '나'만 생각하라는 말은 바로 그런 뜻이다.

# 5
# '도덕적인 인간'은
# 왜 실패할까

개인주의적 성향이 몰입하는 데 꼭 필요한 역량임은 선수들과의 인터뷰를 통해 충분히 이해했다. 그런데 양궁이나 쇼트트랙처럼 단체전도 치러야 하는 종목에서는 타인에 대한 배려나 팀워크가 중요한 것 아닌가? 이런 경우 나만 생각하는 성향이 오히려 경기에 방해가 되진 않을까? 선수들에게 이타성이나 팀을 위한 개인적 희생이 어느 정도 필요하진 않았을까? 우리가 인터뷰를 하면서 들었던 또 하나의 의문은 바로 이것이었다.

하지만 이번에도 우리의 예상은 보기 좋게 빗나갔다.

물론 단체전을 할 때 팀원에 대한 강한 신뢰와 협력의 자세가 중요하다는 것은 선수들도 인정했다. 그러나 단체전에 임하는 선수 개개인의 마음가짐은 우리의 생각과는 차이가 있었다. 선수들이 가장 중요하게 생각하는 것은 '팀을 위한 개인의 희생'이 아니라 '팀 안에서 스스로 얼마나 자신의 역량을 잘 발휘하느냐'였다. 이런 관점의 차이는 미묘하게 다르다. 팀을 위한 모든 전략이 '우리'에 초점이 맞춰진 것이 아니라 '선수 개인'에 집중되어 있기 때문이다. 그들이 단체전에서 필요하다고 생각하는 이타성은 호혜적 이타주의에 가까웠다. 타인이나 팀을 위하는 마음이 먼저가 아니라, 자신을 위해 타자를 배려하고 협력하는 것이 먼저였기 때문이다.

어떤 경기에서도 팀원에 대한 신뢰나 배려보다 자신에게 더 집중해야 하는 이유는 2016년 리우데자네이루 올림픽 양궁 부문 금메달리스트 장혜진 선수와의 인터뷰에서도 여실히 드러났다.

"양궁은 특히 환경적 요인에서 변수가 많죠. 그래서 더 자신에게 집중해야 하는 종목이에요. 한번은 월드컵을 치를 때였는데, 당시 기보배 선수, 최미선 선수와 단체전 경기를 앞두고 있었어요. 그런데 결승전 당일 기보배 선수

컨디션이 정말 안 좋았어요. 당장 1시간 후가 경기인데 저랑 최미선 선수 둘 다 집중이 안 되더라고요. 동료는 아프고 연습도 제대로 못하고…. 그런데 막상 결승전이 시작되니까 기보배 선수가 오히려 집중해서 제 역량만큼 잘 쏘는 거예요. 저는 이것저것 신경 쓰느라 정신이 없어서 결국 제대로 못 쏘고 경기도 졌죠. 정말 허무하더라고요. 그때 생각했어요. 단체전이라고 다른 게 아니다. 결국 그 순간 자신한테 얼마나 더 집중하느냐에 따라 승패가 갈리는 거다."

목표에 몰입하는 데 개인주의적 성향이 필요하다고 입을 모았던 선수들이 강조했던 또 한 가지 성향은 '반 이타성'이었다. 그들은 개인주의적 성향이 강화되면서 점차 동료 선수나 가족, 지인 등 타인에 대한 생각과 배려 또한 줄어들었다고 고백했다. 선수들이 말하는 반 이타성은 일종의 개인주의적 성향이 확장된 개념인데 이는 '이기주의'와 비슷했다. 좀 더 이해를 돕기 위해 설명을 덧붙이자면 '개인주의적 성향'과 '반 이타주의적 성향'은 비슷해 보이지만 분명한 차이가 있다. 둘 다 타인보다 자신을 중시하는 점은 같지만 전자의 경우는 타인을 배려할 수도 있고 아닐

수도 있다. 즉 개인을 중요하게 생각한다고 해서 반드시 타인을 배려하지 않는다는 것은 아니란 소리다. 하지만 반이타주의 성향은 타인을 위해 자신을 희생하거나 타인을 배려하지 않는다. 오롯이 자신에게만 집중한다. 타인을 생각하고 배려하는 그 시간이 자기에게 더 이상 도움이 되지 않는다고 판단해서다.

사실 사회가 우리에게 요구하는 '협력'이나 '배려'와 같은 윤리적 가치대로 선수들을 판단한다면 그들은 절대로 도덕적 인간이 될 수 없다. 그럼 그들의 방식이 잘못되었다고 비난할 수 있을까? 1988년 서울 올림픽에서 금메달을 거머쥔 유도 선수로 활약했던 김재엽 교수는 선수들이 처한 상황을 '총칼 없는 전쟁'에 빗대어 말했다. "선의의 경쟁은 언론이 보기 좋게 포장하려고 만들어낸 말이고, 실제 선수들이 경쟁하는 무대는 총칼 없는 전쟁터나 다름없어요. 상대를 이기지 못하면 내가 죽는 거잖아요. 공정해야 하지만 양보나 희생은 있을 수 없죠. 그게 스포츠의 현실입니다."

그를 비롯해 인터뷰에 응했던 선수들 대부분이 같은 이야기를 했다. 다른 나라는 물론 같은 나라의 선수들조차 진심으로 응원하기 힘들다는 것이다. 선수 모두에게는 올

선의의 경쟁은 언론이 보기 좋게 포장한 말이고, 실제 선수들이 경쟁하는 무대는 총칼 없는 전쟁터나 다름없어요.

림픽이란 무대에 자신의 생존이 걸려 있기 때문이다. 경기를 치르는 동안 철저하게 고립되어 동료를 진심으로 격려할 수도, 동료에게 따뜻한 응원을 받을 수도 없는 상황을 인정해야 하는 자리, 선수들이 선 올림픽 무대는 그런 곳이었다. 그들은 그렇게 잔혹한 상황 속에서 놀라우리만큼 자신에게 집중하고 몰입하여 성과를 내는 것이다.

그런 선수들이 이타적 성향을 버리는 건 어쩌면 당연한 과정인지도 모른다. 개인주의적 성향이 이기심으로 변하면서 오히려 그들은 점차 자신에게만 집중할 수 있었고 더 강한 몰입을 할 수 있었다. 철저하게 자신의 편은 자기밖에 없다는 자각이 자신에 대한 몰입을 만들어낸 것이다. 이렇게 보면 타인을 이겨야 살아남는 선수들에게 타인을 배려하는 것이 오히려 더 이상한 일 아니겠는가.

하지만 생각해보면 이런 상황은 국가대표 선수들만이 처한 특수한 상황은 아니다. 우리 각자가 선 무대를 떠올려보자. 아무리 소중하고 가까운 사이라도 시간이 지나면 변한다. 때에 따라 그들과의 경쟁은 불가피하다. 학생이라면 가족보다 더 오랜 시간을 함께 보내는 옆자리 친구와도 입시 경쟁을 치러야 한다. 직장인이라면 입사 동기와도 성과 경쟁을 치러야 한다. 이해관계에 따라 자신의 곁에 둘 수도, 그렇지 못할 수도 있는 것이 우리가 맺는 인간관계라는 것이다. 좀 더 잔인하게 표현하자면, 살아가면서 우리가 맺는 대부분의 관계는 이미 멀어지고 있거나 앞으로 멀어질 관계에 불과하다. 수백 명의 사람과 직접적인 관계를 맺고 사는 것이 인간이라지만 그 관계가 마지막까지 유지될까? 자신이 죽을 때 마지막 관을 들어줄 6명의 사람만 남겨도 큰 성공이라는 옛 가르침이 이를 방증한다. 이렇게 보면 결국 마지막까지 사라지지 않고 남는 것은 무엇일까? 오직 자신뿐이다.

그런 관점에서 보면 타인을 위해 자신을 희생하는 것은 자신의 인생에서 더 중요한 것을 놓치고 소중한 시간을 흘려보내는 어리석은 행위일지도 모른다. 언제나 최우선으로 고려해야 할 대상은 다른 어떤 누구도 아닌 바로 나 자신이다. 특히 목표를 세우고 더 나은 자신이 되고자 하는 욕심이 있는 사람일수록 이런 타의적 태도는 독이 될 수 있다.

최고의 선수들이 가지고 있는 반 이타적 성향은 어떻게 보면 우리가 취해야 할 '전략적 무능함'의 태도와도 맞닿아 있다. 전략적 무능함이란, 자신에게 몰입하기 위해 방해가 될 만한 주변 상황들을 최대한 제거하는 것을 일컫는다. 가령 직장인으로서 일을 잘한다는 이미지가 과업과 관계없는 과도한 업무를 안겨준다면 미련 없이 그 이미지를 버려야 한다. 이해심이 깊다는 이유로 주변 사람들의 고민을 들어주느라 정작 자신의 일에 몰입하지 못한다면 이 역시 버려야 한다. 자신에게만 집중할 수 있는 시간을 빼앗는 것이라면 무엇이 되었든 버려야 한다. 이리저리 휘둘리느라 집중하지 못하는 삶에서 오직 자신을 위한 몰입이 일어나기란 불가능하기 때문이다. 따라서 우리는 주변 일에 신경 쓰지 않고, 타인에게 비난받을지언정 자신에게만 몰두할 수 있는 시간을 확보하는 데 더 적극적이어야 한다.

이렇게 말하면 '사회성', '이타주의'가 중요하다고 교육받아온 우리 입장에서는 여전히 마음 한구석이 뭔가 꺼림칙할 것이다. 친구와의 의리를 중요하게 생각하며 착한 아이로 성장하길 강요받은 학생들

나에게 집중할 시간을 빼앗는 것이라면 무엇이 되었든 과감하게 다 버려라.

은 그야말로 혼돈의 카오스에 빠진 기분일 것이다. "팀이나 회사를 가족처럼 생각하라." "좋은 게 좋은 거지." "사람들과 어울릴 줄 모르면 결코 높이 올라가지 못한다."라고 부장님의 잔소리를 듣던 직장인들도 마찬가지다.

하지만 다시 한 번 강조하건데 자신의 목표를 이루기 위해 최선을 다하고 싶다면 그 꺼림칙한 마음부터 버리길 바란다. '착한 아이' '사회성 좋은 직원'을 선호하는 사회는 동시에 우리에게 몰입과 생산성도 강요하고 있다. 이것은 사회가 만든 명백한 자기모순이다. 그 모순을 끊어내는 유일한 방법은 양립할 수 없는 2가지 중 어느 1가지를 선택하는 것이다. 이타적인 인간으로 살아가거나, 완벽한 개인주의 인간으로 자신의 인생에 집중하거나 말이다. 어떤 것이 정답이라고 할 수는 없지만 최소한 이 책을 읽고 있는 독자라면 어떤 선택을 해야 하는지 가늠하리라 본다.

대기업 임원들 10명 중 6명은 소시오패스 성향을 보인다는 기사를 본 적이 있다. 기사에 대한 도덕적 의견을 말할 생각은 전혀 없다. 다만 이 기사를 조금 다른 관점에서 보면, 결국 최고의 자리까지 올라간 사람들은 상대적으로 '남을 배려하는 법을 모르는 이기적인 사람'이라는 것이다.

최고의 자리에 오르고 싶은 가? 남이 아닌 나를 위해 시간을 써라.

남을 배려하고 자신을 희생하라고 강요하는 사회에서 사회의 정점으로 올라간 사람들이 가진 역설적 모습을 과연 우리는 어떻게 해석해야 할까?

각자의 생각과 답은 다르겠지만 최고의 선수들과 나눈 대화에서 이 한 가지 사실만은 분명한 것 같다. 한정된 시간 속에서 질적으로 향상된 어떤 결과물을 만들어내려면 스스로 '누구'를 위해 시간을 써야 할지 답을 내려야 한다는 것 말이다.

## 금메달리스트들이
## 알려주는 몰입 플래닝

---

# "타자에 대한 배려를 버려라."

내가 주인공인 인생에서 '누구'를 위해 시간을 써야 하는가? 무엇에 집중하고 몰입해야 하는가? 이 질문만 기억한다면 목표를 향해 나아갈 때 길을 잃지 않을 것이다. 스스로 이기적이라고 비난하지 마라. 이타성을 버린 당신의 선택은 언제나 옳다.

# 6
# 착한 1등은
# 어디에도 없다

최고의 선수들이 몰입하는 방법을 차곡차곡 기록하면서 맨 처음 인터뷰했던 선수가 떠올랐다. 2012년 런던 올림픽 양궁 부문에서 금메달을 거머쥔 이성진 선수였다. 아이스 브레이킹에 관련된 몇 가지 질문을 끝내고 본격적으로 시작한 첫 번째 질문은 올림픽 금메달리스트들의 공통점이 무엇인가였다. 당시 이성진 선수는 "뭐랄까, 좀 또라이죠. 확실히 금메달리스트 중에 정상은 없는 것 같아요."라고 대답했다.

이성진 선수뿐만 아니라 인터뷰에 응했던 선수 대부분

이 비슷하게 말했다. "독특하다." "특이하다." 등 표현의 차이는 있었지만 그 말을 듣고 있으면 천재들에게만 있는 특징처럼 느껴졌다. 하지만 선수들이 말하는 개인성, 반이 타성이란 개념을 이해하면서 이런 말들이 단순한 개성이나 우스갯소리가 아니라는 것을 깨달았다. 선수들이 말하는 '또라이 기질'이나 '특이함'은 말하자면 일종의 '독함'이었다. 절대 포기하지 않는, 자신이 목표한 것에 끝까지 도달하려는 강한 의지 같은 것 말이다.

최고의 선수들은 모두 자기만의 독함을 가지고 있었다. 특히 2010년 밴쿠버 올림픽 쇼트트랙 부문 금메달리스트 이정수 선수는 독종 중에서도 독종이었다. 그는 2006년 세계주니어선수권 대회를 앞두고 발목이 부러지는 부상을 당했다. 국가대표 자격이 박탈될 위기를 맞자 할 수 있는 모든 방법을 다 동원했다. 전문 병원은 물론 한의학, 기 치료까지 받았다. 하지만 완치는 불가능했다. 그러나 그는 포기하지 않았고 랩으로 부어 있는 발목을 동여맨 다음 경기에 참가했다. 걸을 때마다 통증은 물론 뼈가 어긋나는 소리가 들렸음에도 태연한 척 걸었다. 인터뷰 중 그 말을 천진난만하게 하는 모습을 보고 보통 독종이 아니라고 생각했는데, 그런 독함 덕분에 그는 대회에서 종합 1등을 거

또라이 기질'이나 '특이함'은 일종의 '독함'이다. 절대 포기하지 않고 자신이 목표한 것에 끝까지 도달하려는 강한 의지다.

머쥐었다.

김광선 금메달리스트 역시 더하면 더했지 덜하지 않았다. 스스로 독함을 넘어서 악하다고 표현한 그는 자신이 속한 체급에서 독보적인 존재가 되려고 미리 경쟁자들을 한 명씩 제거했다고 했다. 가령 국내 선발전을 치르기 전에 같은 체급으로 붙을 가능성이 있는 상비군들과 스파링을 하면서 그 선수들을 죽일 각오로 상대했다는 것이다. 누구든 자신을 절대로 이길 수 없다는 것을 상대 선수에게 각인시키기 위함이었다. 그가 바라는 것처럼 경쟁자가 될 법한 선수들은 지레 겁을 먹고 김광선 금메달리스트를 피해 한 체급을 올리거나 한 체급을 낮췄다. 그렇게 해서 그는 사전에 경쟁자를 모두 물리쳤다.

부러진 발목을 동여매고 세계주니어선수권 대회에서 종합 우승을 했던 이정수 선수에게는 독함이 있었다. 후배 선수들을 강력한 경쟁자로 보고 죽을힘을 다해 물리쳤던 김광선 금메달리스트에게도 독함이 있었다. 그밖에 태권도 발차기 기술 하나를 완성시키려고 도복이 다 젖을 때까지

한 동작만 연습한 2016년 리우데자네이루 올림픽 태권도 부문 금메달리스트 김소희 선수, 화장실 갈 때는 토끼뜀으로, 밥 먹을 때는 악력기를 손에서 놓지 않았던 2008년 베이징 올림픽 유도 부문 금메달리스트 최민호 선수…. 인터뷰를 했던 대부분의 선수가 금메달을 따기 위해 자신만의 독기로 덤벼들었다. 이 독함이 선수들 각자의 목표에 몰입하는 데 결정적 역할을 했다. 2012년 런던 올림픽 양궁 부문 금메달리스트 오진혁 선수는 불확실한 목표 앞에서 흔들리지 않으려면 자신을 다잡을 수 있는 독한 마음이 반드시 필요하다고 이야기했다. 4년 동안 포기하지 않고 목표를 이루기 위해 달릴 수 있는 힘은 바로 선수 자신의 '독한 의지와 마음'에서 나온다는 것을 다시 한 번 깨닫게 해준 말이었다.

선수들이 독함에 대해 이야기할 때 한 가지 재미있던 점은 '착한 금메달은 없다'라는 말을 자주 쓴다는 것이었다. 대한민국 레슬링 사상 최초로 올림픽 2연패를 한 심권호 금메달리스트는 "착한 운동선수는 없다."라고 말했고, 2006년 토리노 올림픽 쇼트트랙 부문에서 금메달을 딴 송석우 선수 역시 "착한 1등은 절대 존재할 수 없다."라고 말했다. 이 말은 선수들이 금메달을 목표로 삼고 독해지는 순간 자신에게 있던 '선함'마저 사라진다는 뜻이었다. 타인에게 착한 이미지를 얻는 대신 그들은 못되더라도 자기 자신에게 온전히 몰입하기를 선택한 것이다.

사실 우리도 "착하다."라는 말을 별로 좋아하지 않는다. 착하다는 말에는 불순한 의도가 포함되어 있는 경우가 많다. 조금 더 직설적으로 표현하자면, 착하다는 것은 곧 상대가 '예상할 수 있는 범주에 머무르는 어리석음'에 불과하다. '넌 착하니까 내가 부탁하면 다 들어줄 거야.' '너는 착하니까 이런 상황에서는 당연히 내 예상대로 행동해줄 거야.' 따위의 이기적인 기대를 가질 때 사람들은 착하다는 표현을 쓰고는 한다. 결국 착하다는 것은 누군가 자신의 욕심을 채우기 위해 상대를 다독거리는 처세술에 지나지 않는다. 그 처세술에 휘둘리는 것은 어리석은 것이다. 그렇다면 오히려 선수들처럼 "착하다."라는 칭찬을 경계하고 자신에게만 더 몰입하는 것이 바람직하지 않을까?

특히 금메달은 예상을 뛰어넘었을 때, 생각한 것 이상을 보여주었을 때 얻을 수 있는 결과다. 최선을 다하는 것뿐만 아니라 최고의 실력이 뒷받침되어야 한다. 어떤 자리에서든 금메달에 버금가는 결과를 얻고 싶다면 마찬가지로 같은 노력이 필요하다. 흔히 말하는 "저 애는 참 독하다." "어떻게 저렇게까지 하지?"라는 말이 저절로 튀어나와야 한다. 그런 독함이 최고의 결과를 만든다.

　예전에 강연하러 갔던 고등학교에서 어떤 학생과 이야기를 나눈 적이 있다. 멘탈 관리에 대한 강연이었는데, 그 학생과 대화를 나누던 도중 마지막으로 울어본 적이 언제였는지 물었다. 그때 그 학생이 이렇게 답했다. "10일 전쯤에요. 기말고사 공부를 하는데, 대충 계산해보니 2시간 정도 자고 일어나서 남은 분량을 공부하면 되겠더라고요. 그래서 잠을 잤는데 생각했던 시간보다 훨씬 오래 잤어요. 일어나서 부랴부랴 책을 보는데 결국 등교할 때까지 계획했던 분량을 다 못 봤어요. 스스로 너무 한심해서 눈물이 나더라고요. 왜 못 일어났을까, 왜 바보 같이 퍼질러 잤을까 하고 말이죠."

　이 학생에게도 금메달리스트에게 있던 독함이 있었다. 누가 시켜서가 아니라 스스로 결심한 것을 채우지 못해 눈물을 흘려서다. 만약 그 학생이

선택적 고립에 놓인 사람에게 독함은 선택하는 것이 아니라 선택할 수밖에 없는 것이다.

그 독함을 유지했다면 분명 원하는 대학에 진학했으리라 확신한다. 바로 그런 독함이 자신을 더욱더 목표에 몰입하게 만든다.

올림픽에 나간다는 것은 경쟁자가 득실거리는 전쟁터에 자신을 내던지는 것과 같다. 자신을 생각해주는 것은 오직 자신뿐이다. 그런 선택적 고립에 놓인 사람에게 독함은 선택하는 것이 아니라 선택할 수밖에 없는 것이다. 경쟁자보다 뛰어나야, 그들을 이겨야, 그리고 마침내 자신마저도 넘어서야 최고의 자리에 당당히 설 수 있으니 말이다.

김재엽 교수는 금메달을 슬픈 금메달이라고 표현했다. 10대부터 20대까지 가장 파릇했던 인생의 한 시절을, 가족이나 친구들, 추억마저도 모두 버려야 겨우 얻을 수 있는 것이 금메달이라는 것이다. 그는 선수들의 화려한 이력 뒤에는 그렇게 다 버려야 하는 순간이 있다고, 금메달은 그래서 더 값진 것이라고 덧붙였다. 하지만 우리는 그 말이 "슬프다"라기보다 "독했기 때문에 더 강할 수 있었다."라는 역설적 고백으로 들렸다.

개인성이나 독함이 과연 우리를 행복하게 해주냐고 묻는다면 그것은 우리 역시 의문이다. 하지만 한 가지 확실한 것은 그들은 이런 성향 덕분에 4년 동안 몰입했고, 그 누구보다 시간을 밀도 높게 썼으며, 세계 최고라는 더 할 수 없는 자기 성장을 이룰 수 있었다.

원하는 결과를 얻기 위해 어디까지 내어놓아야 할까? 이 글을 읽다보면 이런 고민을 할지도 모른다고 생각했다. 우리는 그 고민에 이렇게 다시 질문하고 싶다. 원하는 목표를 이루고자 몰입하기 위해 희생을 감수할 것인가, 목표를 포기하고 말 것인가.

승자가 되어 이 길이 힘들었다며 자신의 무용담을 읊을 것인지, 패자가 되어 그래도 행복하다며 자기 위로를 할 것인지 묻고 싶다. 이렇게 묻다 보면 결국 어디까지 내어놓고 몰입할 수 있는지 스스로 알게 되지 않을까. 참고로 우리는 단언컨대 무조건 전자의 삶을 살 것이다. 최소한 이 책을 쓰면서 이 결심은 단 한 번도 흔들린 적이 없다.

**금메달리스트들이
알려주는 몰입 플래닝**

●

## "목표를 이루고 싶다면
자기만의 독함을 가져라."

금메달리스트는 자기만의 독함이 있어요. 그렇지 않으면 오랫동안 하나
에 미치기가 힘들거든요. 금메달이라는 건 딸 수도 있고 못 딸 수도 있는
불명확한 거잖아요. 그런 목표를 두고 계속 한 길을 걷는다는 건 독하지
않고는 해낼 수 없는 일이죠.

# 7

# 짖지 않는 개는
# 물지도 못한다

타인의 생각이나 말들이 어떠한 울림으로 전달되는 경우
는 흔하지 않다. 수많은 격언을 들어도 시큰둥해지고 별
감흥이 없는 이유도 비슷한 맥락이다. 살면서 우리가 그만
큼 많은 것을 알아버려서다.

하지만 인터뷰를 진행하면서 이 흔하지 않은 울림을 꽤
자주 경험했다. 선수들에게는 다른 사람을 능히 움직일 만
한 한마디의 말이 있었기 때문이다. 그 말이 우리의 마음
을 울렸던 까닭은 어디에서 배워 와 써먹으려 했던 말이
아니라, 본인의 삶에서 스스로 건져 올린 말이었기 때문이

다. 정점을 찍었던 선수들이 내뱉은 한마디에는 그들의 삶이 고스란히 배어 있었다.

그중 특히 기억에 남았던 것은 1992년 바르셀로나 올림픽 사격 부문 금메달리스트 이은철 선수가 했던 말이었다. 인터뷰 중에 우리가 2등도 대단한 것이 아니냐고 되묻자 그는 "2등은 그저 세상에서 최고로 높이 올라간 루저에 불과하다. 2등은 필요 없다. 오직 1등만이 의미가 있다."라고 대답했다. 그 말이 우리에게는 큰 충격이었다. 올림픽에서 2등을 한다는 것은 세계에서 두 번째로 잘했다는 뜻이다. 말이 2등이지 사실 대단한 자리다. 그런데 그는 그 자리마저 실패한 사람의 자리로 만들어버렸다. 그 말을 듣고 1등을 향한 그의 열망과 욕심이 얼마나 강한지 읽어낼 수 있었다.

목표에 몰입하기 위해서 더 개인적으로 행동해야 하고 타인을 덜 배려하고 심지어 독한 마음가짐이 필요하다고 했을 때 사실 우리는 이 말들이 무척 걱정되었다. 특히 운동선수에게는 가장 명예로운 보상이나 가장 불확실한 목표이기도 한 금메달을 따기 위해

2등이란 그저 세상에서 최고로 높이 올라간 루저에 불과하다.

철저히 혼자가 되어야 한다는 것이 말이다. 한 인간이 견디기에 이 과정은 너무 고독하지 않은가?

고무의 탄성이 아무리 강해도 한계점을 넘어서면 끊어지는 법이다. 오롯이 혼자 몰입해야 하는 과정이 꼭 그래보였다. 혼자서 견디기만 하다 보면 어느 순간 다 놓아버리고 싶지 않을까. 실제로 몇몇 선수들은 그렇게 독해진 자신의 모습이 오히려 부진의 늪에 빠지게 된 계기가 되었다고 고백했다.

사람의 마음이란 실체 없는 신기루와 같다. 어제의 굳은 확신도 오늘이 오면 언제 그랬냐는 듯 모래성처럼 무너지고 마는 것이 사람의 마음이다. 자신의 목표를 위해서라지만 스스로 고립시키고 코너로 내몰아버리면 처음 다잡았던 마음은 언제고 돌변할 수 있다. 자신을 위한 독함은 이렇듯 자신을 향한 독으로 언제든지 변할 수 있는 것이다. 선수들은 어떻게 흔들리는 자신의 마음을 단련시켰을까?

외부의 적으로 인해 내부가 단결되듯이 선수들은 마음속 독함을 다잡기 위해 외부의 적을 만들어냈다. 이것을 선수들은 '투쟁심'이라고 부른다. 여기에서 투쟁심이란 싸우고자 하는 마음인데, 일종의 승부욕과 같은 의미다. 선수들은 외부에 자신이 이겨야 할 상대를 만들어 자기 내부의 독함을 그 대상을 향해 분출했다. 그것은 경쟁 선수이기도 했고 자신이기도 했다. 선수들은 다른 선수를 제압하기 위해 미친 듯이 질주하고, 스포트라이트를 자기 것으로 만들기 위해 독하게 스스로 채찍질했다. 마지막에는 나약한 나 자신조차 뛰어넘었다. 자신이 왜 계속 독해져야 하는지 이유를 찾는 것, 그것이 선수들이 말하는 투쟁심이다. 이 투쟁심을 갖는 순간 선수들의 목표는 더욱더 구체화되고 흔들리던 마음도 목표를 향해 모아진다.

김동성 해설위원은 선수 시절 훈련이 너무 힘들어 멈추고 싶을 때마다 '내가 이렇게 힘들면 경쟁하는 놈들도 죽고 싶을 만큼 힘들겠지. 최소한 내가 먼저 나가떨어지지는 말자.'라며 마음을 다잡았다고 고백했다. 힘들다고 잠깐 쉬어버리면 금메달은 영원히 멀어지기 때문이다. 2012년 런던 올림픽 레슬링 부문 금메달리스트 김현우 선수도 마찬가지였다. 그는 시합하기 전에 상대방을 잡아먹겠다는 표정을 짓고 호흡도 일부러 크게 한다. 이런 행동으로 경쟁 선수들에게 자신의 의지를 보여주기 위함이다. '자, 이제 내가 널 죽일 거다. 내가 널 레슬링으로 죽일 거다.' 양학선 선수는 이런 투쟁심 덕분에 더 이 악물고 자신의 신기술까지 만들었다.

선수들의 강한 승부욕, 즉 투쟁심에 대해 들으면서 한 가지 의문이 들었다. 승패가 분명하게 결정되는 스포츠 세계라는 특수한 환경에 놓이다 보니 투쟁심이 생긴 것이 아닐까? 이런 승부사 기질은 운동선수라면 어느 정도 타고나야 하는 것 아닌가?

재미있는 사실은 선수들 대부분이 투쟁심에 대해 이야기할 때 '선천적'으로 타고났다기보다 '후천적'으로 개발된 능력이라고 한 경우가 많았다는 점이다. 그들의 말에 따르면 본인의 생활 습관과 관계없이 운동하거나 시합할 때 이 성향이 더 강하게 표출된다는 것이다. 평소 다툼이나 갈등이 싫어서 다 져준다는 이은철 금메달리스트는 사격장에 서만큼은 반드시 이기겠다는 마음뿐이라고 했다. 1992년 바르셀로나 올림픽 핸드볼 부문 금메달리스트로 활약한 임오경 감독 역시 평소에는 동생과 장난치다가 곧잘 얻어맞아도 경기할 때만큼은 이기는 것 하나에만 집중한다고 말했다. 이렇듯 선수 대부분이 처음부터 투쟁심이 강했다기보다 운동을 하면서 이기고 싶은 마음이 강해진 것이다.

이 말은 평범한 우리가 평상시에 어떻게 투쟁심을 가질 수 있는지 명확히 알려준다. 몰입에 필요한 투쟁심은 얼마든지 자기 노력에 따라 가질 수 있다. 그것을 원한다면 누구라도 이런 성향을 개발할 수 있는 것이다. 선수들의 경험담은 이런 생각을 곧 확신으로 바꾸어주었다.

입시 전쟁터에서 경쟁하며 공부해야 하는 학생들에게도 투쟁심은 반드시 필요하다. 입시는 누군가를 이기며 걸어가야 하는 길이다. 그래서 입시란 공부라는 관점에서 넓게 보면 혼자 외롭게 걸어가야 하는 길이지만 좁게 보면 수많은 경쟁자와 점수로 다퉈야 하는 싸움이다. 입시생에게 가장 필요한 마음가짐 중 하나가 투쟁심인 것도 바로 그 이유다. 원하든, 원하지 않든 대한민국 입시생이라면 수십만 명과 싸워야 하는 현실을 바꿀 순 없다. 이왕 해야 하는 싸움이라면 패자보다는 승자가 되는 법을 익히는 것이 현명하지 않을까.

자신의 목표에 몰입하기 위해 철저하게 독해지기로 마음먹었다면 그 마음이 약해지지 않도록 누군가를 이기고자 하는 마음, 투쟁심을 가져야 한다. 스스로 우유부단하다고, 나약하고 변덕이 심해 투쟁심 같은 건 가질 수 없다고 미

목표에 몰입하기 위해 독해지기로 마음먹었다면, 철저히 누군가를 이기기 위한 투쟁심을 가져라.

리 단정하지 말자. 최고의 선수들조차 이런 성향을 타고나지 않았다는 것을 우리는 수많은 인터뷰를 통해 확인했으니 말이다. 처음부터 강조한 것이지만 나아가고자 하는 목표를 설정하라. 그 목표가 생겼다면 그것을 이루겠다는 자신, 오직 그 하나만 생각하라. 그러면 그 목표에 다가가기 위해 누군가를, 그리고 나 자신마저 이겨야겠다는 마음은 그다음에 자연스럽게 따라올 것이다.

## 금메달리스트들이
## 알려주는 몰입 플래닝

---

# "독해지려 이를 갈았다면,
# 물어라! 그 독에 물들기 전에."

이겨야 할 대상을 가져라. 넘어서겠다는 목표를 세워라. 그리고 반드시
뛰어넘겠다는 의지를 다져라. 나조차 알지 못했던 독한 나를 만나게 될
것이다. 그런 독함이, 욕심이 나의 실력을 더 단단하게 만들어줄 것이다.

# 8
# 몰입은 곧
# '버림'이다

몰입에 대해 알아갈수록 몰입한다는 것은 무언가를 배우고 채우는 것이 아니라 하나씩 비워내는 것이 아닌가라는 생각이 들었다. 결국 목표에 몰입한다는 것은 이루고 싶은 수많은 것들 중 하나를 선택하고 나머지 것들은 다 버리는 것이 아닐까.

지금까지 목표에 몰입하는 데 필요하다고 말했던 성향들도 이러한 맥락 안에 있는 것이다. 개인성은 자신의 세계에서 타자를 버리는 것이고 반 타의성은 타자를 향한 선의를 버리는 것이다. 독해지고 투쟁심을 품는 것 역시, 다

독해지고 투쟁심을 품는 것은 다 버리고 유일하게 남은 자기 자신을 온전히 보호하려는 일종의 '방어기제'다.

버리고 유일하게 남은 나 자신을 온전히 보호하기 위한 하나의 '방어기제'다. 그리고 우리는 최고의 선수들이 이런 성향들을 가져서 더 깊게 몰입했음을 봐왔다.

하지만 버리는 것이 말처럼 쉽지는 않다. 우리들 머릿속에는 여전히 생각해야 할 주제가 많고 신경 써야 할 일이 수두룩하기 때문이다. 몰입하려면 최대한 불필요한 생각과 행동을 정리하고 한 가지에만 집중하려는 노력이 필요한데, 어떻게 잘 버리고 한 가지에만 집중할 수 있을까?

최고의 선수들은 이때 '적응력'이 필요하다고 조언한다. 적응력이란 주어진 환경에 어떤 변화가 생겼을 때 그에 맞게 자신도 변할 수 있는 능력을 말한다. 이를 잘 제어하는 사람을 우리는 흔히 "적응력이 뛰어나다."라고 평가하는데, 적응력이 높은 사람일수록 한 가지에 집중하는 능력이 뛰어나다. 외부로부터 오는 낯선 자극에 동요하지 않기 때문이다. 그렇다면 선수들은 어떻게 적응력을 강화했을까?

뇌는 몸이 어떤 상황에 적응하면 더는 시간을 할애하지

않는다. 뇌의 이런 방종은 신체적인 활동에 투여되는 에너지의 손실을 줄여준다. 이해를 돕기 위해 좀 더 쉬운 예를 들어보면 우리가 늘 오가는 등하굣길과 초행길을 비교하면 된다. 먼저 등하굣길을 생각해보자. 여러분은 오늘 학교에 올 때 지도를 보고 왔는가? 오면서 주변 사람에게 길을 물었는가? 길을 찾느라 에너지를 너무 많이 써서 지쳤는가? 아마 그렇지는 않을 것이다. 그 길은 이미 우리에게 너무 익숙한 길이기 때문이다.

하지만 초행길이라면 어떨까? 일단 지도를 보면서 목적지까지의 경로를 탐색해야 한다. 도로를 몇 번 건너야 하는지, 어떤 건물을 중심으로 방향을 틀어야 하는지 계속 살피는 것도 잊지 말아야 한다. 한마디로 목적지까지 가는데 신경이 계속 곤두서 있는 것이다. 똑같은 1킬로미터를 걷더라도 초행길과 익숙한 길에 대한 피로도가 다른 것은 바로 이런 이유이다.

이렇게 어떤 행위에 익숙해져서 에너지를 덜 쓰게 되면 남은 에너지는 필요한 곳에 더 집중하여 쓸 수 있게 된다. 남은 에너지의 잔량이 높을수록 몰입할 수 있는 에너지도 많아지는 것이다. 이를 선수들의 환경에 대입해본다면, 선수들이 실제 경기 환경에 익숙해지기 위해 다양하게 적응 훈련하는 것을 예로 들 수 있다. 가령 월드컵을 앞둔 선수들이 미리 개최지로 출국해 훈련하거나 평소 경기장과 최대한 비슷한 환경을 만들어 훈련하는 것 등이 이에 해당한다. 양궁의 경우 2012년 런던 올림픽 국가대표팀 장영술 감독과 2016년 리우데자네이루 올림픽 국가대표팀 문형철 감독은 올림픽이 열리기 1년 전 프레올림픽 현장에서 영상을 찍어 와 편집한 것으로 선수들을 훈련시켰다. 선수들이 충분히 현장감을 느끼도록 이미지 트레이닝을 시키기 위해서다. 또 전자 표적지, 풍향기, 풍속기, 스피드건, 지상 50미터 연단 위에서 활을 쏘는 등 올림픽 경기장과 가장 흡사한 환경을 조성하여 반복 훈련하는 현장 시뮬레이션 훈련도 선수들의 긴장감을 해소시키는 데 도움이 된다고 덧붙였다.

김동성 해설위원은 쇼트트랙 선수 시절, 올림픽에 출전하면 제일 먼저 자신이 뛸 빙상 경기장에 가서 세세한 부분까지 직접 발로 느껴본다고 했다.

"우선은 경기장에 가서 적응하는 게 중요하니까요. 빙상 위에서 몸으로 느끼는 게 중요해요. 특히 얼음 상태가 연습 때와는 많이 다르니까요. 부드러울 때도 있고 거칠 때도 있죠. 시간에 따라서, 속도에 따라서, 심지어 관중들 열

기에도 좌지우지되는 게 얼음판이에요. 그런 환경에 익숙
해지기 위해 노력하면서 천천히 경기장을 둘러봅니다. 관
중석이나 감독, 선수들이 어떤 동선으로 움직이는지도 꼼
꼼하게 봐요. 그러면서 연습했던 곳에서 느낀 그 익숙함을
찾으려고 하죠."

오진혁 선수는 경기장에 들어서면 각 나라의 깃발을 일
일이 확인하며 깃발과 바람의 방향이 일치하는지 반복해
서 관찰한다고 했다. 자신의 몸에 닿는 바람의 세기를 직
접 느끼기 위해서다. 실외 종목인 양궁에서 가장 큰 변수
는 바람이기 때문에 바람에 적응하려는 것이다.

이은철 금메달리스트는 선수들의 적응 훈련을 좀 더 체
계적으로 설명했다. 과거 선수 시절 자신의 스승인 레니
베상 코치에게 배운 멘탈 관리(Mental management) 이론이 그
것이었다. 그가 말한 멘탈 관리란 의식과 무의식 그리고
셀프 이미지의 삼위일체를 통해 정신적으로 완전히 집중
하고 스스로 통제하는 관리 방법을 말한다. 이 3가지 요소
들이 몰입하는 데 어떻게 도움이 되는지 좀 더 자세히 살
펴보자.

먼저 의식이란 오감을 비롯해 자신이 인지하고 있는 모

든 것들을 의미한다. 외부 자극이 전달되었을 때 그 자극을 인지하고 판단하고 그 자극에 대해 대처하는 모든 의식의 통로가 이에 해당한다. 무의식은 의식을 거치지 않고 일어나는 반사적인 행동이다. 반사 신경을 생각하면 쉽게 이해할 수 있다. 가령 무언가 얼굴을 향해 날아왔을 때 고개를 돌린다거나 눈을 감는 행위, 주위에서 큰 폭발음이 들리면 자기도 모르게 몸을 웅크리고 경직되는 것이 이에 해당한다.

적응한다는 것은 의식하는 상태에서 이뤄지는 많은 행위가 무의식의 상태로 옮겨가는 과정이다. 자전거 타는 것을 예로 들어보자. 대부분의 사람들이 처음 자전거를 탈 때 비틀거리고 넘어진다. 머릿속으로는 왼쪽 페달과 오른쪽 페달을 번갈아 밟아야 한다는 것은 알고 있지만 그 명령이 익숙하지 않기 때문에 몸이 뜻대로 따라주지 않는다. 그 사이에 중심을 잃고 흔들리게 되고 그 흔들림은 새로운 외부 자극이 되어 공포감을 준다. 의식하고 있는 상태에서는 한 번에 한 가지 일만 처리할 수 있기 때문에 자전거 페달을 밟는 동안 방향을 잡거나 시야를 확보해야 한다는 인지도 덩달아 늦어진다. 이 역시 또 다른 외부 자극이 되어 스트레스를 유발한다. 결국 자전거를 잘 타게 된다는 것은 이렇게 의식 상태에서 이뤄지는 많은 행동이 무의식으로 이동해서 그 낯선 행위가 더 이상 자극처럼 느끼지 않음을 의미한다. 페달을 밟고 방향을 바꾸고 시야를 확보하는 것에 대해 익숙해져 일일이 신경 쓰지 않아도 되는 것이다. 그리고 한번 자전거를 잘 타게 된 사람은 절대로 처음처럼 자전거를 서툴게 타는 것이 불가능해진다. 무의식의 영역으로 옮겨간 행위들은 더 이상 인식의 자극이 되지 못하기 때문이다.

학생들이 학교생활에 적응할 때 필요한 일련의 과정도 마찬가지다. 학년이 바뀌고 새 학기를 맞이하면 교재나 공부의 범위, 학급의 분위기와 친구까지 모든 것이 낯설다. 의식의 영역에서 이 모든 것은 자신이 신경 써야 하는 자극이다. 하지만 이것이 의식의 영역에서 무의식의 영역으로 옮겨가게 되면 낯선 자극을 받아들이느라 빼앗겼던 에너지를 덜 쓸 수 있다. 이것을 학업에 몰입하는 데 쓰면 같은 시간이라도 밀도 높은 학업적 성취를 얻을 수 있게 된다. 즉, 외부 자극에 대해 얼마나 빨리 적응하느냐가 얼마나 빨리 몰입의 영역에 들어갈 수 있는가를 결정한다.

그렇다면 의식의 영역에 있던 것들을 어떻게 무의식의

영역으로 옮길 수 있을까? 가장 확실한 방법은 그 영역의 것들을 계속 반복하여 자극이 주는 낯선 감각을 빨리 없애는 것이다. 동일한 자극을 지속적으로 받았을 경우 이 자극에 대한 반응이 점차 감소하는 것은 인간이 가진 선천적인 능력이다. 앞서 예시로 들었던 자전거 타기의 경우도 반복적으로 페달을 밟고 핸들을 잡으면 된다. 학생들도 마찬가지다. 어려운 문제를 반복적으로 풀어보고, 낯선 학업 분위기에 계속 자신을 노출시켜서 익숙해지는 것이 자극을 감소시키는 방법이다.

마지막으로 셀프 이미지란 자극의 종류와 강도를 한곳에 모아 자기만의 안정적인 영역을 구축하는 것을 말한다. 가령 사격의 평균 입사 점수가 95점인 선수는 자신이 몇 점을 쏠 수 있느냐는 질문에 93~ 97점까지라고 대답한다. 95점이란 한 점만 인식할 경우, 그 점수보다 높거나 낮게 나오면 그 점수 자체가 낯선 자극으로 받아들여지기 때문이다. 그러면 그 자극이 오히려 몰입할 수 있는 환경을 망가뜨리게 된다. 반면에 이렇게 안정적인 범위를 지정해놓

낯선 자극에 반복해서 노출되어라. 익숙해지면 그 자극을 인지하는 데 쓴 에너지를 줄일 수 있다.

으면 그 범위 안에서 나온 점수들에 대해서는 비슷한 강도의 자극을 느끼게 된다. 따라서 상대적으로 덜 신경 쓰거나 익숙해지면 그것을 자극이라고 생각하지 않게 된다. 셀프 이미지 설정하기는 의식을 무의식으로 옮기는 과정에서 큰 효과를 발휘한다. 예를 들어 어떤 선수가 베이징 올림픽 경기장에만 최적화된 적응 훈련을 했다고 하자. 이 선수가 만약 다른 올림픽 경기장에서 경기를 치러야 한다면 완전히 낯설고 새로운 환경에 처음부터 다시 적응해야 한다. 하지만 이때 셀프 이미지를 설정하여 경기에 영향을 줄 수 있는 방해 요소들에 대해 일정 범위를 지정하여 훈련한다면 어떻게 될까? 예를 들어 300명의 관객에게만 적응하는 것보다 200~400명 규모의 관객은 동일한 정도의 소음과 움직임이 있다고 인지하는 것이 적응하는 데 훨씬 유리하다는 것이다. 이렇게 되면 선수들이 어떤 올림픽 경기장에 가더라도 좀 더 빨리 적응할 수 있다.

다만 여기서 중요한 것은 이 셀프 이미지는 말 그대로 오직 자신만이 구축해야 하는 이미지란 것이다. 즉 외부 환경에 대한 자극들을 어느 범위까지 지정하여 훈련할 것인지는 오직 자신에게 달려 있다. 그리고 이 범위를 넓게 설정할수록, 그 강도를 더 높이 끌어올릴수록 시시각각 변하는 환경에 좀 더 빠르고 능동적으로 적응할 수 있다. 부실하게 지어진 경기장을 보며 우려하는 기자에게 "녹색 그라운드, 하얀색 선, 축구공만 있으면 어디서든 자신 있게 놀 수 있다."라고 말하는 축구계의 전설 호나우두가 이 셀프 이미지를 가장 잘 구축한 예가 아닐까 싶다.

우리는 살아가면서 수많은 환경에 노출된다. 그 환경은 시시각각 변하기 마련이다. 그리고 변하는 환경에 더 빨리 적응하고 초연해질 수 있는 사람이 시간과 에너지를 더 밀도 높게 쓸 수 있다. 최고의 선수들이 적응력을 강화하기 위해 썼던 이 방법들만 기억하면 우리 역시 시간과 에너지를 밀도 높게 쓸 수 있다.

## 금메달리스트들이
## 알려주는 몰입 플래닝

---

## "나에게 낯선
## 모든 것들에 익숙해져라."

지속적인 반복과 노출을 통해 낯선 일이 자신에게 주는 자극을 감소시켜라. 자신만의 안정적인 영역을 이미지로 구축하라. 이 두 가지만 기억하면 낯설고 어렵게 느껴지던 모든 것들이 익숙하게 다가올 것이다. 그 순간 우리는 더 이상 보조적인 업무나 불필요한 일에 스트레스 받지 않게 된다. 마음을 어지럽히는 자극들에 대해 일희일비하지 않게 된다. 에너지를 오직 나의 목표에 집중시켜 몰입하고 성취하는 데 쓸 수 있게 된다.

# 9
# 어제의 고난은
# 오늘의 담대함이 된다

"존재하는 모든 것은 유관합니다." 전에 만났던 어느 승려
의 말이다. 모든 것이 어느 지점에 이르면 서로 맞닿게 되
고 연결된다는 의미다. 그 말은 이 책을 쓰는 동안에도 우
리에게 좋은 지침이 되었다. 특히 선수들에게 질문을 던질
때나 그들이 말하는 몰입에 필요한 여러 요소들을 이해하
는 데 말이다.

 이 책을 쓰기 전만 해도 우리는 몰입을 잘하려면 어떤
기술이나 능력이 탁월해야 하는 줄 알았다. 몰입이나 집중
력에 관한 여러 책에서 수많은 방법론을 소개하고 있었기

때문이다. 그래서 올림픽을 준비하는 국가대표 선수들에게도 당연히 그들에게만 있는 특별한 무언가, 몰입을 잘하는 기술이 있을 것이라고 생각했다. 그것을 파헤치고 싶었다. 하지만 결론부터 말하자면 몰입은 한두 가지의 특정한 행동으로 일어나는 것이 아니었다. 수많은 행위와 마음가짐이 서로 연결되고 조합을 이루며 일어나는 것이었다.

한 가지 목표를 세우고 성취하면 그다음 더 큰 목표를 세우고, 유기적 관계를 맺고 있는 목표를 달성할수록 최종 목표를 이룰 수 있는 가능성이 높아진다. 몰입하기 위해 개인주의적 성향이 강해질수록 덩달아 반 이타적 성향도 강해진다. 이 힘든 순간만을 넘겨보자는 독한 마음과 저 상대만은 기필코 이기고 말겠다는 투쟁 의식은 다르지 않다. 한 가지에만 집중하려면 여러 가지 변수를 스스로 제어할 수 있어야 하는데 이때 적응력이 필수다. 인터뷰를 할수록 선수들이 강조한 수많은 요소가 사실은 서로 밀접하게 연관되어 있는 것임을 확신할 수 있었다. 질문할 때도 마찬가지다. 첫 번째 선수를 만나

한 가지 목표를 성취하면 그다음 더 큰 목표를 세워라. 그 목표가 서로 유기적인 관계를 맺고 있을수록 최종 목표를 이룰 가능성은 커진다.

어떤 깨달음을 얻었다면 그다음 선수를 만날 때 이 깨달음을 바탕으로 다음 질문을 던졌다. 그 질문이 또 다른 깨달음이 되었고 몰입에 관한 질문을 확장시켜주었다.

하지만 그럼에도 여전히 해소되지 못한 의문이 있었다. '살면서 중요한 순간, 불가항력적인 변수가 생겼을 때, 극도의 긴장감을 이기고 몰입하려면 어떻게 해야 할까?' 이 질문은 우리가 왜 올림픽을 준비하는 선수들에게서 몰입과 집중의 비법을 배우려고 했는지, 이 책을 쓰게 된 궁극적인 이유와도 맞닿아 있었다.

우리가 살아가는 인생을 들여다보면 어떤가. 아무리 예상하고 싶어도 내일 무슨 일이 벌어질지 모른다. 대비한다고 만반의 준비를 해도 대비할 수 없을 때가 더 많다. 언제 예상하지 못한 위기와 불행이 닥칠지 모른다.

올림픽도 마찬가지다. 불가항력적인 상황이 수없이 발생한다. 재심과 재경기가 거의 존재하지 않고, 패자 부활전 역시 존재하지 않는다. 문자 그대로 한판 승부의 결정체가 바로 올림픽이다. 매번 수많은 이변이 속출하고 생각하지 못한 변수들이 난무하는 그야말로 각본 없는 드라마다. 뜻하지 않는 부상으로 결승의 문턱을 넘지 못한 선수들이 숱하게 나오고, 평생 순위권에 들지 못하다가 어부지

리로 금메달을 목에 건 선수가 나올 수도 있다. 이런 올림픽이야말로 인생의 축소판이 아니겠나. 그런 변수들을 이겨내고 선수들은 어떻게 최고의 자리에 올랐을까? 그런 방법이 존재한다면 우리 삶에도 적용할 수 있지 않을까? 우리는 이 질문에 대한 답이 알고 싶었다.

그러한 점에서 선수들이 강조한 '적응력'은 분명 몰입을 잘하는 데 필요한 요소이긴 했지만 우리의 궁금증을 완전히 해소해주진 못했다. 우리가 선수들에게서 배운 적응력은 변수의 범위를 지정하고 최대한 그것과 비슷한 환경을 조성하여 반복 훈련하는 것이었다. 그렇다면 변수의 범위 밖에서 일어나는 일에 대비하려면 어떻게 해야 하는가? 그런 불가항력적인 상황에서도 몰입할 수 있는 방법이 존재한다면 무엇일까. 우리가 최고의 선수들에게서 알고 싶은 것은 바로 그것이었다.

이에 대해 선수들이 입을 모아 필요하다고 말한 것은 '담대함'이었다. 담대함은 위기 앞에서 마음의 평정심을 잃지 않은 초연함이다. 그 위기는 사고일 수도 있고, 시합을 앞둔 긴장감일 수도 있다. 무엇이 되었든 수많은 방해 요소들이 자신의 앞을 가로막아도 의연함을 잃지 않는 것이다. 그런 태도가 위기를 맞은 순간 집중력을 발휘하게 해주고, 세계 정상의 자리에 설 수 있도록 해주었다.

그렇다면 이런 담대함은 어떻게 가질 수 있는 것일까? 고백하자면 선수들에게 처음 이 질문을 했을 때 들었던 대답들이 모두 만족스럽지 않았다. 선수들 대부분이 담대함을 가지고 있느냐는 질문에 고개를 끄덕였다. 그것이 올림픽에 몰입하는 데 필요했느냐는 질문에도 모두 고개를 끄덕였다. 그런데 그 담대함을 어떻게 가질 수 있느냐고 물었을 때는 다들 이렇게 말했다.

"타고나야 하는 것 같아요. 담이라는 건."

타고나야 한다는 건 재능의 영역 아닌가. 그 대답은 우리를 무척 당황스럽게 했다. 그건 우리가 이 책을 더는 쓸 이유가 없는 것과 같았다. 선천적 재능이 없다면 결과적으로 어떤 노력도 소용이 없다는 뜻이니까 말이다.

특히 양궁 선수들을 인터뷰할 때 더 좌절했다. 평소 우리는 양궁 선수들이 담대함을 키우기 위해 이색적인 훈련을 많이 받는다고 알고 있었

담대함이란 위기 앞에서 마음의 평정심을 잃지 않는 것이다. 수많은 방해 요소들이 자신의 앞을 가로막아도 의연함을 잃지 않는 것이다.

다. 공동묘지에 찾아간다거나 뱀을 직접 만진다거나 최전방 GOP 체험, 해병대 극기 훈련, 번지점프 등 …. 최소한 그들에게서는 다른 대답을 들을 수 있을 것이라 기대했다. 하지만 우리가 원하는 대답을 들을 수 없었다. 이런 표현이 조심스럽긴 하지만 정말 선수들 중 단 한 명도 그런 이색적인 훈련이 담대함을 키우는 데 도움이 되었다고 말하지 않았다. 오히려 대부분 쓸데없는 훈련이었고 구시대적 발상에 가까운 훈련이었다고 했다. 왜 그랬을까? 이에 대해 대한민국 태권도 사상 최초로 올림픽 2연패를 한 황경선 선수가 자신의 경험담을 이야기해줬다.

"해병대도 갔다 오고, 공동묘지나 폐교도 혼자 다녀왔어요. 수영장에서 10미터 아래로 뛰어내려보기도 했고요. 그런데 선수들한테는 그런 훈련들이 필요 없는 거 같아요. 왜냐하면 그런 환경에서 느끼는 공포심을 이기는 담대함과 상대를 제압할 때 필요한 담대함은 다르거든요."

다시 말해 뱀을 못 만지는 선수가 억지로 뱀을 만진다고 해서 시합에 필요한 담력이 생기는 건 아니란 소리다.

심지어 2012년 런던 올림픽 펜싱 부문 금메달리스트 구본길 선수는 이런 담력 훈련이 정말 선수들에게 도움이 될 것 같은지 오히려 우리에게 되물었다. 2016년 리우데자네이루 올림픽에 나갈 때 담대함을 키우기 위해 자신을 비롯한 7명의 선수가 이를 악물고 번지점프를 했다. 그때 유일하게 김정환 선수만 도저히 못하겠다고 해서 뛰어내리지 않았는데, 결과적으로 그 선수만 메달을 땄다. 이런 에피소드를 들으며 우리는 대답할 말을 찾지 못했다.

생각해보면 담력이라는 것이 정말 타고나는 영역이란 생각도 들었다. 실제로 아동 심리학에서 선천적 기질과 형질에 대한 연구가 활발히 진행되고 있는데, 어렸을 때 형성되는 기질 중 외부의 자극이나 스트레스에 적응하는 정도, 즉 담대함도 포함된다는 것이다.

하지만 우리는 어딘가에 분명 다른 답이 있을 것이라고 생각했다. 유전적으로 담력을 타고난 사람도 존재하겠지만 살아가면서 담력이 커진 사람도 존재하기 때문이다. 한마디로 담대함은 타고날 수도 있지만 오직 타고나야만 가질 수 있다는 주장에는 동의할 수 없다는 뜻이다. 이는 우리가 그동안 여행이나 사회생활을 하며 만난 사람들을 통해 확인한 사실이기도 했다.

여행 이야기를 하다 보니 불현듯이 여행하면서 만난 친구 루아가 떠올랐다. 아프리카 오지의 어느 마을에서 만난 친구였는데 사연을 듣자니 참 처량했다. 당시 그곳으로 오기 전에 루아는 강도를 만나 가지고 있던 것들을 대부분 빼앗겼다. 설상가상으로 그전의 여행지에서 여행을 하다가 다리를 다쳤는데 제대로 치료를 받지 못해 걷지도 못할 만큼 다리가 부은 상태였다. 모든 것이 낯설고 열악한 곳에서 가지고 있던 것마저 모두 빼앗긴 상황이라니…. 그런데 더 의아했던 것은 한없이 평온해 보이는 루아의 표정이었다. 지금은 그저 잠시 기다려야 하는 시간일 뿐이라고 말하는 그에게 우리는 경외심마저 느꼈다. 어떻게 그렇게 마음을 다잡을 수 있냐고 묻자 그는 이렇게 대답했었다. "지금 이것이 내가 겪었던 가장 최악의 경험은 아니란다. 이 일 역시 시간이 지나고 나면 그저 여행지에서 겪었던 하나의 에피소드가 될 것이란 걸 나는 이미 알고 있어. 지금까지 그래왔듯이 이 일도 금방 지나갈 거야. 언제 그랬느냐는 듯이."

루아의 말을 곱씹다 보니 어쩌면 우리는 선수들의 그 초연함과 담대함이 사실은 타고난 것만이 아니라 그동안의 경험을 통해 만들어진 것은 아닐까 생각하게 되었다. 일종의 어제까지 겪었던 불행한 경험에 대한 보상이랄까. 다만 선수들이 그것을 스스로 정확히 인지하지 못하고 있는 것

은 아닐까? 우리가 찾고자 했던 담대함이 어떻게 만들어
지는가에 대한 숨은 답이 이것은 아니었을까? 그런 생각
이 들자 다음 인터뷰를 할 때부터는 선수들에게 단순히 담
대함이 있는지 묻는 것에 그치지 않고 그들이 그동안 어떤
시련을 겪었고 또 언제 그런 기억들이 떠오르는지 상세히
묻기 시작했다.

예상은 했지만 시련 없는 선수는 없었다. 그중 부상이
단연 큰 비중을 차지했다. 대회 본선에 출전하지 못한 것
뿐만 아니라 어떤 선수는 그 정도가 너무 심각해 은퇴를
권유받을 정도였다. 최고의 자리에 오르기 전까지 그들 역
시 최악이라 말할 수 있는 다양한 시련을 겪었다.

그 시련이 언제 생각났느냐는 질문에 상당수는 올림픽
본선 경기 전날이나 승패를 결정하는 중요한 순간들이라
고 답했다. 마지막 한 발, 마지막 한 바퀴를 남겨두었을
때 마치 주마등처럼 자신이 겪은 시련과 고난들이 스쳐지
나 간다는 것이다. 그러면서 이렇게 자기 암시를 한다고
했다. '그래, 그때도 견뎠는데 지금이 그것보다 더 힘들겠
어?'라고 말이다. 그 마음가짐이 결국 두려움을 이기게 하
고 한 발을 더 쏠, 한 발을 더 내딛을 용기가 되었다. 그 덕

분에 선수들은 금메달을 목에 걸었다.

담대함이 선수들이 말한 자기 암시를 바탕으로 만들어지는 거라면, 결국 그 담대함이란 고난을 극복하는 과정에서 생긴 내성 같은 것이었다. 최고의 선수들은 그 내성이 강한 사람들이었다. 그 누구도 자신에게 닥친 고난과 시련에서 헤어 나오지 못한 경우는 없었으니 말이다. 그들은 자신의 고난을 담대함으로 만들었고, 현재에 몰입하고 집중하는 도구로 사용했다.

이성진 선수는 "한때 부상 때문에 슬럼프를 겪으며 많이 좌절했지만 재활하고 다시 운동하면서 그런 마음이 생기더라고요. '그때 그렇게 힘들어하면서 다 잃을 뻔했는데 여기까지 왔잖아. 지금이 그때보다 더 힘들겠어? 올림픽 결과가 어떻든 뭐가 중요해?' 그 마음으로 한 발 한 발 쐈고 덕분에 재기에 성공했죠." 2012년 런던 올림픽 유도 부문 금메달리스트 김재범 선수는 "어렸을 때 겪은 수많은 상처, 부모님과의 헤어짐, 사람들의 멸시와 손가락질, 이런저런 말들…. 그땐 그 말들이 정말 힘들었는데 견디면서 단련된 것 같아요. 커서 어떤 말을 들어도 동요되지 않더라고요. 지금처럼 단단해진 데 도움이 된 과정이라고 생각해요."

담대함이란 고난을 극복하는 과정에서 생긴 내성 같은 것이다. 최고의 선수들은 그 내성이 누구보다 강한 사람들이다.

"나를 죽이지 못한 모든 고통은 결국 나를 성장시킨다." 니체의 이 말을 그들은 누구보다 잘 알고 있었던 듯했다.

우리 역시 살면서 뜻하지 않은 고난을 마주할 때가 많다. 물론 어떤 고난은 너무 큰 상처로 우리 삶의 전반에 영향을 끼치기도 한다. 하지만 그 고난을 순간의 불행으로 끝낼지 그다음의 고난을 이겨낼 경험과 깨달음으로 받아들일지는 자신에게 달려 있다.

예전에 한 학생과 면담한 적이 있다. 자신이 지금까지 경험한 것 중 가장 최악이 무엇인지에 관한 내용이었다. 그는 외고 진학을 위해 한창 기말고사를 열심히 준비하고 있었다. 그런데 시험 기간 중 설사를 하며 인후염까지 앓아 정말 고생했다며, 그 기억이 가장 최악이었다고 고백했다. 하지만 그 경험이 결국에는 자신에게 큰 자산이 되었다는 말도 덧붙였다. 왜냐하면 그 이후로 어떤 시험을 보더라도, 아무리 몸이 좋지 않아도 그때보다는 나으니 좋은 결과를 얻을 수 있다고 생각하게 되었기 때문이다. 덕분에 더는 시험 전날 긴장하는 일이 없고 늘 자신의 몸 상태를 미리미리 점검하게 되었다고 했다. 그 학생 역시 최고의 선수들처럼 자신의 시련과 어려움을 담대함으로 멋지게 극복한 것이다.

지금 여러분은 어떤 방향으로 자신의 고난을 해석하고 있는가? 부디 지금의 이 고난을 자신을 괴롭히는 트라우마로 남기지 말고 새로운 고난을 이겨낼 담대함으로 다져가길 바란다.

## 금메달리스트들이
## 알려주는 몰입 플래닝

●

# "어제까지의 고난을
# 오늘의 담대함으로 만들어라."

고난을 이겨낸다는 것은 누구에게나 어렵고 힘든 일이다. 하지만 좌절하고만 있을 것인가? 또 한 번 할 수 있다는 동력으로 삼을 것인가? 고난에 대한 내성이 강해질수록 사람은 단단해진다. 그 힘이 다시 목표에 더 몰입하게 해준다. 그러니 고통의 시간을 견뎌낸 자신을 아낌없이 격려하라. 그리고 열심히 노력한 그 시간을 믿고 자신감을 가져라. 어제 흘린 땀의 무게만큼, 힘들었던 만큼 그 지난 시간을 충실히 겪어온 당신은 그보다 단단하고 근사해져 있을 것이다. 굳게 자신을 믿기만 하면 된다.

# 10
# 성취에 취하라,
# 싫어하는 지금 일이 좋아질 만큼

몰입에 대해 이야기하는 동안 가장 중요한 것을 말하지 않았다. 지금부터 말할 이 요소는 '몰입'이나 '집중력'에 관해 이야기할 때 단골 주제처럼 빠지지 않는 것이기도 하다. 바로 '흥미'다.

어떤 일에 몰입하려면 체계적인 과정이 필요하다. 하지만 몰입하려는 대상에 '흥미'를 느끼고 있다면 이 과정은 훨씬 간단하고 쉬워진다. 누구나 자기가 좋아하는 일, 흥미를 느끼는 일, 재미를 느끼는 일에는 쉽게 몰입하니까 말이다. 청소년들의 게임 중독을 떠올려보면 간단하게 이

해된다. 아무리 말리고 혼을 내도, 심지어 스마트폰을 뺏더라도 게임에 빠지면 아이들은 무슨 수를 써서라도 게임을 한다. 실상 이런 모습보다 더 강력한 몰입은 없다.

그래서 많은 학자들이 몰입을 이야기할 때 빼놓지 않는 것이 바로 흥미다. 하지만 우리는 이 흥미를 가장 첫 번째 요소로 생각하지 않았다. 왜냐하면 모든 일에 흥미를 가지면 몰입할 수 있다는 이야기는 너무나 이상적인 이야기에 불과했기 때문이다. 솔직히 그런 논리가 불편했다. 왜냐하면 대부분의 사람들이 살면서 하고 싶은 일보다 해야 하는 일을 할 때가 더 많은데, 이 일에 무조건 흥미를 갖기란 사실상 어렵기 때문이다.

과연 현재 하고 있는 일에 흥미를 느끼는 사람이 몇이나 될까? 공부를 해야 하는 학생 중 공부가 정말 재미있어서 하는 학생이 몇이나 될까? 회사에 다니는 직장인 중 자기 직무에 재미를 느끼는 사람이 또 몇이나 될까? 우리는 손에 꼽힌다고 생각한다. 아니면 그러려고 최선을 다해 애쓰고 있거나 말이다. 그렇지 않은 사람들이 절대 다수인데 그들에게 무조건 공부에 흥미를 느껴라, 직무와 회사 생활에 흥미를 느껴라, 그래야 몰입할 수 있다는 식의 말은 비현실적이고 공허한 외침에 불과하다고 생각했다.

그렇기에 우리는 최고의 선수들을 인터뷰할 때도 그들이 처음부터 운동을 좋아했기 때문에 최고의 자리에 오른 것이라고 섣불리 판단하지 않으려 했다. 더군다나 인터뷰를 하면서 우리는 선수들이 얼마나 죽을힘을 다해 훈련했는지, 포기하고 싶었는지 수없이 들었다. 사람이라면 아무리 어떤 일이 좋더라도 그 힘든 시간들까지 무조건 좋을 수는 없지 않겠나. 그래서 선수들이 그런 시간들을 견디면서도 어떻게 흥미를 유지할 수 있었는지에 초점을 맞춰보았다.

"무조건 흥미를 느껴라, 그래야 몰입할 수 있다."라는 말은 비현실적이고 공허한 외침에 불과하다.

덕분에 우리는 몇 가지 재미있는 사실을 발견할 수 있었는데, 그중 첫 번째가 선수 중 대부분이 처음부터 이 운동이 좋아서 선택한 것은 아니라는 점이었다. 우연한 계기로 시작한 선수들도 있었고, 누군가의 권유로, 잘해서 하게 된 선수들도 있었다.

구본길 선수는 운동을 안 하려다가 자기가 잘하는 종목을 발견해 시작한 경우였다. "제가 초등학교 6학년 때 육상을 했었는데 소년체전 선발전 계주 경기에서 앞사람에게 바통을 잘못 넘겨줘서 졌어요. 그때 운동을 못하니까

안 해야겠다고 생각했거든요. 그런데 중학교 3학년 때 펜싱 대회에서 동메달을 따는 순간 이거다 싶더라고요. 그 때부터 펜싱에 흥미가 생기고 저를 믿고 운동할 수 있었던 것 같아요." 각종 언론에서 선수들의 유년시절을 극적으로 다루는데, 최소한 이 책에 나오는 선수들 중 3분의 2 이상은 우연한 계기로 운동을 시작했다.

두 번째 사실은 운동하면서 갖게 된 최초의 흥미는 사실 금세 시들해진다는 것이었다. 그 운동에 관한 매력과 가치는 단발성인 것들이 대부분이라는 것이다. 세 번째 사실은 많은 선수들이 사실 운동을 하다가 흥미를 잃고 그 종목 자체를 싫어하게 된다는 것이다. 그 이유는 생각보다 단순했다. 밖에서 보는 것과 안에서 실제로 겪는 것의 괴리가 커서다. 강도 높은 훈련을 반복적으로 해야 하는 것도 선수들을 지치게 만드는 이유가 되었다. 가야금 연주가 좋아도 연습할 때는 싫다고 하는 어느 연주가의 말처럼 선수들도 무한 반복해야 하는 훈련 속에서 흥미를 유지하기란 어려웠던 것이다. 마지막으로 이 네 번째 사실이 정말 흥미로운데, 그 흥미를 잃고 나서 어느 시점이 지나면 다시 자신의 종목을 좋아하게 된다는 것이다.

처음 운동에 매력을 느꼈다는 의미의 '흥미'는 호기심과 같기 때문에 그럴 수 있다. 그 일을 반복적으로 하다 보면 지겹고 힘들기 때문에 싫어질 수 있다는 것도 이해할 수 있었다. 하지만 그 일이 다시 좋아졌다고 말한 대목은 정말 놀라웠다. 어떻게 그럴 수 있었을까? 또 두 번째 흥미를 느낀 후에는 대부분 금메달을 딸 때까지 그 흥미를 유지했다는 것도 신기했다. 이 지점에서 선수들이 말하는 흥미가 몰입에 필요한 '진짜 흥미'인 것 같았다. 과연 무엇일까? 도대체 어떠한 기점에서 무슨 일이 있었기에 선수들은 자신이 한때 '싫어하기까지' 했던 운동을 다시 좋아할 수 있었을까?

물론 시기는 저마다 차이가 있었지만 그 시기에 겪었던 일은 대체로 비슷했다. 바로 성취였다. 장혜진 선수가 그랬다. "고등학교 2학년 때 처음으로 전국 대회에서 은메달을 땄거든요. 그때 이후로 양궁이 재밌어졌어요. '아, 메달을 따면 이런 맛이구나.' 짜릿하더라고요. 더 잘하고 싶은 욕심도 생기고요. 한 분야에서 자신감을 갖고 오래 하려면 확실히 결과물을 통한 성취감이 필요한 것 같아요. 성취감은 끝까지 해도 되겠다는 확신을 주거든요." 양학선 선수는 현존하는 어려운 기술들에 도전하여 달성하는 것뿐만

'아, 메달을 따면 이런 맛이구나.' 짜릿하더라고요. 더 잘하고 싶고요. 한 분야에서 자신감을 가지고 오래 하려면 확실히 성과가 필요한 것 같아요.

아니라 성취를 통해 자신의 신기술도 개발했다. "국내에서 고등학생이 여2(여홍철 선수가 최초로 개발한 기술. 구름판을 정면으로 밟고 2바퀴 반을 돌아 도마를 바라보고 착지.) 기술과 스카라 트리플(체조 중 도마 종목에서 선수들이 사용하는 고난이도 기술. 도마 측면으로 손 짚고 3바퀴 비틀기.)을 성공시킨 사례가 없었는데 제가 해냈어요. 그 덕분에 그 당시 실업팀이나 대학생 형들도 이길 수 있다는 자신감이 생겼던 것 같아요. 그렇게 잘한다, 잘할 수 있다는 자신감이 도마에 대한 흥미나 도전 의식을 더 높여준 것 같아요." 결국 선수들은 크고 작은 성취를 통해 자신감을 얻고 인정받기 시작하면서 자신의 종목을 좋아할 수 있었던 것이다. 이런 성취를 통해 얻은 흥미는 지속적으로 목표에 몰입하는 데 큰 힘이 된다.

그리고 또 한 가지 재미있는 것은 이렇게 성취감을 느껴 흥미가 다시 생기는 과정에서 그 방향과 주체가 조금씩 달라진다는 점이다. 쉽게 말하면 최초로 자신이 가졌던 흥미가 운동에 대한 호기심이나 즐거움이었다면, 성취를 통해 얻게 되는 흥미는 그 종목 자체가 될 수도 있고 성취감을 느낀 결과일 수도 있는 것이다. 어떤 선수들은 성취감을 느낀 후 자기 종목 자체를 다시 좋아하게 되었다고 말했고, 어떤 선수들은 여전히 해당 종목을 좋아하진 않지만 이기는 것에, 우승하는 것에 흥미를 가져 지속적으로 자기 종목에 매진할 수 있었다고 말한다. 전자의 경우 운동이란 행위에, 후자의 경우에는 수상이란 목적에 흥미를 느끼게 된 것이다. 이는 우리에게 아주 중요한 시사점을 던져주었는데, 비록 자기가 하는 일 그 자체를 좋아하지 않더라도 그 일이 주는 가치나 결과가 좋으면 흥미가 생길 수 있다는 것이다.

이러한 발견은 무조건 어떤 일을 좋아하라는 의미의 '흥미'보다 훨씬 현실적이고 매력적으로 다가왔다. 흔히 사람들이 좋아하면 몰입하게 된다고 말하지 않는가. 물론 그 말도 맞지만 우리는 선수들에게서 발견한 이 성취를 통해 얻은 흥미, 즉 "잘하면 좋아하게 된다."라는 말에 훨씬 더 공감

자기 분야에서 목표한 바를 성취하면 그 분야가 좋아지든 성취하는 일이 좋아지든 '좋아하는 마음'이 생긴다.

할 수 있었다. 일단 잘하게 되면, 자기 분야에서 성취하게 되면 그 분야가 좋아지든 성취하는 일이 좋아지든 '좋아하는 마음'이 생긴다. 그렇게 생긴 흥미는 결코 사라지지 않는다.

이 사실을 알고 난 다음부터 우리는 선수들에게 좋아해서 잘하게 되었는지, 잘해서 좋아하게 되었는지도 물었다. 선수들마다 생각이 각기 달랐다. 누군가는 좋아해서 잘하게 되었다고 말했고, 누군가는 잘해서 좋아하게 되었다고 말했다. 하지만 중요한 사실은 이것이다. 잘하고 나서 그 일이 싫어졌다고 말한 선수는 거의 없었다는 것 말이다. 자기 종목에서 일정한 성취를 이룬 선수들은 모두 현재 자신이 하고 있는 일을 좋아했다.

이 말은 우리에게도 동일하게 적용해볼 수 있다. 공부하기 싫은 학생이 좋은 대학에 가고 싶다면, 무조건 공부를 좋아할 것이 아니라 공부에 마음을 붙일 만한 성취를 이루면 된다. 가령 지금 자신보다 한 등수 높은 친구를 따라잡거나 자신이 정한 과목에서 목표 점수를 정해보고 그것을 달성하는 것이다. 업무가 싫은 직장인도 마찬가지다. 그 일을 좋아하고 싶다면 일단 지금 하고 있는 프로젝트에

서 상사의 칭찬 한 번 받기를 목표로 세우고 이뤄보는 것
이다. 그렇게 인정받고 잘한다는 자신감을 얻게 되면 하기
싫은 일도 즐길 수 있는 상태가 될 것이다. 그 직무를 좋아
하지 않더라도 그 직무를 통해 칭찬받는 것이 좋아 그 일
을 할 수도 있게 되는 것이다.

해야 하는 일에 몰입하려면 어떻게 해야 할까. 해야 하
는 일을 즐겁게 하려면 어떻게 해야 할까. 우리가 제시하
고 싶은 답은 이것이다. "일단 무엇이든 잘하려고 해봐라.
어떤 형태든 성취를 이뤄라. 그것이 당신에게 흥미를 만들
어줄 것이다. 그 흥미가 목표에 몰입하게 되는 힘이 되어
줄 것이다."

그리고 무엇보다 중요한 것이 하나 있다. 선수들이 자신
의 종목을 싫어하는 와중에도 성취할 수 있었던 동력, 그
일을 포기하지 않고 계속 시도할 수 있었던 힘은 바로 끈
기였다. 싫어지는 순간 멈추었다면 그들은 결코 성취도,
흥미도, 나아가 금메달도 가질 수 없었을 것이다. 그 일을
좋아할 수 있었던 것에는 하기 싫어진 일을 포기하지 않으
려는 의지가 아주 크게 작용했다. 평생 싫어할 것 같았던
그 일도 '한 번 더.' '하루만 더.'라고 생각하고 행동하니 하
나의 성과가 되었다.

공부를 잘하게 되는 방법도 마찬가지다. '조금만 더 책상 앞에 앉아 있자.' '하루만 더 공부하자.'라는 의지로 해 보는 것이다. 그 기간이란 결코 영원하지도, 길지도 않음을 확신한다. 싫었던 공부가 자신이 가장 좋아하는 게임만큼 즐거워지면 그 순간, 모든 것이 변할 것이다. 마치 중력처럼 한 번 느낀 흥미가 자신도 모르는 사이에 몰입이란 중심으로 자신을 끌어당길 것이다. 성취하기 위해 한 발 더 내딛는 것, 몇 번을 강조해도 부족하지 않을 만큼 중요한 이야기다.

---

# "마음가짐을 바꾸기 전에
먼저 잘하라."

목표를 달성하고 싶은가? 지금 하고 있는 일을 좋아하고 싶은가? 마음가짐을 바꾸기 전에 어떻게 그 일을 성취할 수 있을지 고민하라. 잘하게 될 때까지 한 걸음만 더 내딛어라. 잘하게 되면 저절로 좋아하게 된다. 인정받고 자신감이 생기면 좋아하는 마음은 자연스럽게 따라오기 때문이다.

# 3장

부진을 증오하지 말자. 그것은 어쩌면 당연한 과정이다. 부진을 중화시키기 위해 애써 다른 노력도 하지 말자. 그저 잠시 거기에서 눈을 돌리는 여유를 가져보자. 새로운 것들을 보고, 하고 싶었던 일들을 해보자. 아니면 아무것도 하지 않아도 좋다. 그러는 사이 슬럼프는 언제 왔냐는 듯 당신 곁을 떠날 것이다.

# 슬럼프,
# 독이 되거나 약이 되거나

Final
FLOW

# 11

# 슬럼프란
# 당신의 삶이 치열했다는 증거다

인간이란 완전을 추구하는 지극히 불완전한 존재다. 우리는 인간에 관한 수많은 정의 중 이 말을 가장 좋아한다. 이것이 인간의 본성을 가장 잘 보여준다고 생각해서다. 이는 우리가 인터뷰했던 올림픽 금메달리스트들에게도 똑같이 적용되었다. 세계 정상의 자리에 선 그들의 이력만 보고 우리와 다른 천재성이나 타고난 기질이 있을 것이란 생각과 달리 그들 역시 금메달이란 최고의 성취를 이루는 과정에서 숱한 어려움을 겪었다.

'어떻게 하면 해야만 하는 일을 할 때도 자발적으로 몰입할 수 있을까?' '흥미와 재능이 부족해도 어떤 일에 몰입하는 것이 가능한가?' 수많은 사람들과 지독하게 경쟁해야 하는 환경이 우리의 모습과 비슷했기 때문에 올림픽 금메달리스트들을 선택했지만, '흥미', '재능'이란 요소를 고려했을 때 사람들이 선수들에게 공감할 수 있을까에 대해선 늘 고민이었다. 하지만 그들이 겪어낸 고난과 역경의 이야기를 들으며 우리가 괜한 걱정을 했다는 생각이 들었다.

2장에서는 그들이 최고의 자리에 오르기 위해 어떻게 몰입했는가, 그 과정에서 공통적으로 가지고 있던 기질이 무엇인가에 대한 이야기를 했었다. 그 기질을 객관적으로 바라보기 위해 최대한 선수들의 개인적 욕망과 자발적 행동만을 분석하려고 노력했다. 단순한 인터뷰 내용을 정리하는 것이 아니라 그들이 가진 기질을 사람들이 납득할 수 있도록 근거와 이유를 찾으려 했다.

그 과정에서 여전히 '나는 저렇게까지 할 순 없을 것 같아.'라고 지레 겁먹는 사람들이 있을지도 모른다. 그들은 지독했고, 거침이 없었고 결국에는 해낸 사람들이니까 말이다. 하지만 앞서 말했듯 그들 역시 우리와 같은 불완전한 존재들이다. 자신의 목표를 위해 포기하지 않고 달려들었지만 그 과정이 힘들지 않았던 것은 아니다.

그래서 이번 3장에서는 그들이 어떤 고난을 겪고 이것을 이겨내기 위해 각자 어떤 방법들을 적용시켰는지 이야기하려고 한다. 이 장을 읽고 나면 선수들의 인간적인 면에 크게 공감하며 그들의 방법을 우리가 처한 상황에 적용해볼 수 있을 것이다.

무엇보다 이 장에서 우리가 하고 싶은 말은 고난을 이겨내는 것만으로 더 오래 목표에 몰입할 수 있다는 사실이다. 최고의 선수들은 어떤 시련을 겪었으며 그 시련을 어떻게 극복했을까? 불완전한 존재에서 조금 더 나은 존재로 나아가기 위해 고군분투했던 선수들의 이야기를 지금부터 풀어보겠다.

최고의 선수들에게 가장 큰 고난은 단연 슬럼프일 것이다. 금메달을 목표로 정진했던 대부분의 선수가 이 슬럼프를 경험했다. 앞으로 나가야만 하는데 앞으로 더 나아가지 못할 때 느끼는 좌절, 그들은 슬럼프란 장벽 앞에서 한동안 주춤거려야 했다.

무엇이 그들을 슬럼프에 빠지게 만들었을까? 이유는 크게 3가지 정도였다. 첫 번째는 성과에 대한 과도한 집착이다. 스포츠 세계에서 성과, 즉 랭킹은 어떻게 보면 선수로서의 존재 가치다. 대부분의 사람들은 선수를 기억하는 것이 아니라 그 선수가 이뤄낸 성과를 기억한다. 사람은 죽어서 이름을 남긴다지만 살아가며 성과를 남겨야 하는 자리, 그것이 국가대표 선수들의 자리다. 특히 올림픽에 나갈 정도의 실력을 갖춘 선수라면 이미 과거에 각자 자기 분야에서 한 번씩은 최고가 되어본 경험이 있는 사람들이다. 잘한 사람 중에서 가장 잘한 사람만 나갈 수 있는 것이 올림픽이기 때문이다. 그 최고가 되어본 맛을 알기에 국가대표가 되고 올림픽에 나가는 자격이 주어지면 선수들은 성과에 집착할 수밖에 없다. 특히 자신처럼 생각하고 실력을 갖춘 존재들이 수두룩한 세계에서 또 한 번 자신을 증명해야 하니 당연히 '지금보다 더 잘해야 한다.'라는 강박을 느낄 수밖에 없다.

2004년 아테네 올림픽 양궁 부문 금메달리스트 임동현 선수가 꼭 그랬다. "국가대표를 1년, 2년, 3년 계속하다 보니까, 어느 순간부터 이 자리를 놓치면 안 되겠다는 생각이 들었어요. 어떻게 보면 국가대표라는 자리에 집착하게 된 거죠. 근데 그 집착이 너무 강하니까 어느 순간 제 자신이 제어가 안 되면서 갑자기 슬럼프가 오더라고요." 2012년 런던 올림픽 펜싱 부문 금메달리스트 김지연 선수도 마찬가지였다. "경기장에서 도망치고 싶다는 생각도 했어요. '내

가 지금 여기서 뭐하고 있나.' 이런 생각도 들고 그냥 피하고 싶은 거죠. 세계 랭킹이 떨어지지 않으면 좋겠고 다른 선수한테 질까 봐 걱정하고 그래서 경기력이 많이 떨어졌었어요." "힘이 너무 들어가면 실수하게 된다."라는 말처럼 너무 과도하게 성과를 위해 노력하다 보면 슬럼프라는 실수가 발생한다.

두 번째 이유는 자신의 한계를 경험해서다. 올라가고 싶은 목표가 저 위에 있는데 현재는 그것을 이루기가 힘들 때, 그래서 자기 능력의 한계를 경험하게 될 때 슬럼프에 빠진다.

그런데 여기에서 주목해야 할 것은 그 한계점이 선수 개개인의 절대적인 역량이라기보다는 마음의 문제로 발생한 경계선이라는 것이다. 왜냐하면 우리가 인터뷰했던 선수들은 결국에는 그 한계를 모두 넘어선 존재들이기 때문이다. 그 한계를 넘어서지 못했다면 금메달을 목에 걸지 못했을 테니까 말이다. 결국 그들이 가진 한계 체험은 대부분 그들

우리의 한계점은 각자의 절대적인 역량이라기보다는 마음의 문제로 발생한 경계선인 경우가 대부분이다. 결국 심리적 구속 때문에 한계를 넘어서지 못하는 것이다.

마음에서 출발해 만들어진 심리적 구속이었던 셈이다. 그들이 겪었던 한계 체험은 슬럼프의 첫 번째 이유와 자연스럽게 이어졌다. 성과에 대한 과도한 집착 때문에 무리하게 노력하고 그 노력이 몸과 마음의 균형을 무너뜨린다. 선수들은 제 컨디션이 아닌 상태에서 만들어진 결과들을 자신의 한계라 생각한다. 이처럼 슬럼프를 겪은 요인들은 모두 어느 부분에서는 서로 연관된 것들이었다.

세 번째는 '자존감 상실'이었다. 자존감은 운동하는 선수들이라면 반드시 가지고 있어야 하는 성역에 가까운 요소다. 자신을 존중하지 않고서는 그 힘든 운동을 제대로 해낼 수 없기 때문이다. 슬럼프를 겪은 대부분의 선수가 슬럼프 직전이나 직후에 자존감이 떨어지는 경험을 했다. 어떤 어려움 속에서도 자신을 지켰던 최후의 보루가 무너진 것이다.

자신을 더 존중하지도, 믿지도 못하는 상태에서 좋은 결과가 나올 리 없다. 이런 상황에서 슬럼프란 어쩌면 당연한 결과였다. 과도한 집착 때문에 스스로 병들고 그런 자신에게 한계를 규정하는 순간 자신에 대한 믿음마저 깨져버리고 마는 것이다. 그런 악순환이 만들어낸 장벽이 바로 슬럼프였다.

이런 슬럼프는 선수들만 해당되는 이야기는 아닐 것이다. 우리들도 살아가는 동안 슬럼프를 겪는다. 목표한 바를 이루기 위해 열심히 노력했는데 달성할 지점이 아득하기만 할 때, 너무 자신을 소모시켜서 모든 에너지가 다 빠져버렸을 때, 자신의 한계를 경험했을 때 우리도 같은 감정을 느낀다. 이런 고난은 몰입하는 과정에서 언제든지 찾아올 수 있는 것이다. 슬럼프를 겪는 시기가 너무 길어 죽고 싶기까지 했다는 1996년 애틀랜타 올림픽 유도 부문 금메달리스트 출신 전기영 교수의 인터뷰를 들으며 우리는 한동안 마음이 먹먹해졌다.

동시에 우리는 선수들이 어떻게 이 험난한 과정을 이겨냈는지 더 궁금해졌다. 그 방법들은 뒤에서 차근차근 설명하겠다. 여기에서는 슬럼프에 대해 자기만의 정의를 내린 김재범 선수의 인상 깊은 한마디를 소개하고자 한다.

"슬럼프가 뭐라고 생각하세요? 노력하고 있는데, 그만

슬럼프는 정말 노력한 사람한테만 오는 징조라고 생각해요. 노력하지 않으면 슬럼프도 오지 않으니까요.

큰 결과가 안 나와서 제자리걸음하는 거잖아요. 물론 이렇게만 보면 안 좋을 수 있죠. 하지만 저는 슬럼프가 정말 노력한 사람한테만 오는 징조라고 생각해요. 이렇게 생각하면 슬럼프가 좋은 거죠. 노력하지 않으면 슬럼프도 오지 않는다는 거니까요. 그래서 저는 슬럼프를 슬럼프라고 얘기한 적이 단 한 번도 없었어요. 저는 보름에 한 번씩 그런 슬럼프가 온 것 같아요. 그때는 그냥 '아, 이제 왔구나, 이제 내가 한 10바퀴 뛰었으니 1바퀴만 더 뛰면 되는구나. 이때 넘어서야 되는구나.'라고 생각해요. 체력은 한계에 다다랐지만 이것만 넘어서면 되니까, 여기서부터 한 번 더 해야겠다고 마음을 고쳐먹는 거죠. 끝이라고 생각하는 순간 한 걸음 더 나가는 게 중요해요."

## 금메달리스트들이
## 알려주는 몰입 플래닝

---

## "슬럼프에 대한 관점을 바꿔라."

슬럼프는 누구에게나 온다. 열심히 하다 보면 지치는 순간이 찾아오니까 말이다. 하지만 그 슬럼프에 빠져 자신을 부족하다고 생각할 필요는 없다. 슬럼프란 노력하지 않은 사람에게는 찾아오지 않는다. 슬럼프가 왔다면 당신은 누구보다 열심히 살았다는 증거다. 그러니 찾아왔다는 사실은 즐기고, 찾아온 순간 잠깐 숨 고르기를 하면 된다.

# 12
# 몰입하기 위해
# 몰입하지 않기

최고의 선수들은 과연 슬럼프를 어떻게 극복했을까? 방법은 여러 가지일 것이다. 일희일비하지 않고 더욱더 자신의 행동에 몰두하는 정공법일 수도 있고, 자신이 슬럼프를 경험했던 요인을 다시 복기함으로써 해답을 찾는 해석법일 수도 있다. 하지만 너무 내달려 에너지가 떨어졌을 때 가장 좋은 방법은 충분히 쉬는 것이다. 실제 인터뷰에 응했던 많은 선수들도 이 방법을 이야기했다.

2014년 소치 동계올림픽 쇼트트랙 부문 금메달리스트 박승희 선수와 인터뷰를 했을 때다. 그녀는 자신이 슬럼프나 부진에 매몰되지 않고 지속적인 몰입을 할 수 있었던 가장 큰 이유를 '집'이라고 말했다. 그녀의 집에 도대체 무엇이 있었기에 그녀가 부진의 늪에 빠지지 않았다고 한 걸까? 박승희 선수의 이야기를 더 들어보니 해답은 의외로 간단했다. 집에 무엇이 있어서가 아니라 그 집에 아무것도 없었기 때문이었다.

"가족들이 집에서 운동에 관해 묻지 않아요. 쇼트트랙에 관한 이야기는 한 번도 해본 적이 없어요. 부모님이 집은 그냥 쉬는 곳이라고 하셨거든요. 시합을 못했다고 혼난 적도 없었고 잘했다고 부담을 느낀 적도 없어요. 그래서 저는 제가 잘할 수 있는 이유가 아무것도 묻지 않는 부모님과 편하게 쉴 수 있는 집 같아요. 그런 환경 속에서 온전히 나를 위해 쉬는 것만으로 큰 도움이 되거든요"

그녀의 집에는 쇼트트랙에 관한 이야기가 없었다. 그 덕분에 그녀는 경기장에서 있었던 모든 스트레스와 중압감을 집에서 쉬면서 해소할 수 있었던 것이다. 집에서는 '중압감'을 버릴 수 있었고 충분히 휴식을 취한 다음 다시 운동에 집중할 수 있었다.

슬럼프를 극복했던 선수들은 모두 박승희 선수와 같은

이야기를 했다. 충분한 휴식 말이다. 그들은 슬럼프를 극복하기 위해 더 많이 움직이거나 뭔가를 이루기 위해 노력하지 않았다. 단지 잠시 훈련에 대한 강박감을 내려놓고 자신에게 충분히 쉴 수 있는 시간을 주었다. 심권호 금메달리스트는 휴식 시간에 아무것도 하지 않는 것으로 자신의 슬럼프를 극복했다. "저는 슬럼프가 왔을 때 운동에 대해 신경을 꺼버렸어요. 내 머릿속에서 지워버렸어요. 기술이 안 되면 그 기술을 한 달간 안 했어요. 그런 식으로 잊어버리면서 슬럼프를 극복했죠." 구본길 선수 역시 운동에 매진하기보다 자신의 마음을 솔직히 털어놓거나 잠시 쉬어감으로써 슬럼프를 극복했다.

"무조건 노력하는 게 답은 아닌 것 같아요. 운동도 자신이 하고 싶을 때 해야 능률이 더 오르거든요. 만약 슬럼프가 오고 힘든데 무조건 더 많이 운동한다? 그건 아닌 것 같아요. 집중할 땐 집중하고 쉴 땐 쉬어야죠.

저 같은 경우는 쉬는 것도 좋지만, 태릉선수촌에서 심리학 박사님과 상담하는 시간이 도움이 됐어요. 내 고민을 솔직하게 털어놓는 것만으로도 스트레스가 해소되더라고요. 심각한 심리 상담 치료라기보다 고민상담소에 찾아간 느낌이랄까요?

경쟁하는 선수들에게는 솔직하게 말을 못하니까 그렇게 내 마음속 이야기를 누군가에게 하는 것만으로도 후련하더라고요. 각자 마음을 털어놓을 수 있는 창구는 꼭 필요한 거 같아요."

무조건 노력하는 게 답은 아니죠. 하고 싶을 때 해야 능률이 더 오르거든요. 힘들 때는 더 노력하는 게 아니라 쉬어야 해요. 그래야 나중에 집중할 수 있어요.

아무것도 하지 않으며 휴식을 취하는 선수들도 있지만 그 시간에 취미 활동을 하며 중압감을 떨친 선수들도 있었다. 황경선 선수는 음악을 들으며 달리는 것이 도움이 되었다고 했고, 박상영 선수는 잘 놀아야 한다고 말했다. 또 2008년 베이징 올림픽 태권도 부문 금메달리스트 차동민 선수는 다른 선수들이 휴식 시간에 경기 비디오 분석을 할 때 본인은 팔찌를 만든다고 했다. 장혜진 선수는 집중력을 키우기 위해 하루 5분, 하루에 단 몇 줄이라도 책을 읽는데, 이 시간이 길어지면서 몰입하는 데 도움이 되었다고 했다. 특히 기억에 남는 것은 김재범 선수의 대답이었다. "스트레스를 푸는 방법이 한 가지 있긴 있어요. 제가 사랑하는 사람들의 응원 메시지를 휴대폰에 저장해놓고 보는 거죠. 예전에는 부모님이 '우리 아들 재범이 잘할 수 있어, 파이팅! 사랑해.'라고 영상 메시지 보내주신 걸 봤어요. 그런데 요즘은 제 딸 동영상을 틀어놓고 봐요. 그게 저한테는 큰 힘이 되더라고요." 딸바보를 인증하듯 흐뭇한 미소를 지으며 말하는 그의 모습이 보는 사람마저 기분 좋게 만들었다.

전기영 교수는 자신의 종목에 매진하기 위해 때로는 그 종목을 잊고 충분히 쉬는 것도 운동선수가 가져야 할 자질이라고 이야기했다. 억지로라도 쉬어야 그다음을 준비하는 에너지를 얻을 수 있다는 것이 그의 지론이었다. 물론 슬럼프에 빠졌을 때 뭔가를 더 해야겠다는 강박을 내려놓는 것은 매우 어려운 일이다. 쉬면 뒤처질지도 모른다는 불안감과 싸워야 하기 때문이다. 하지만 그렇게 해서 잠시 쉬는 것은 선수들에게, 또 우리에게도 매우 필요하다.

슬럼프는 성과를 낸 사람들에게 나타나는 좋은 징조라고 말했었다. 그렇다. 잘한 적이 없는 사람, 자신을 위해 최선을 다해보지 않은 사람에게는 절대 나타날 수 없는 것이

억지로라도 쉬어야 그다음을 준비하는 에너지가 생긴다.

또한 슬럼프다. 그러니 뒤처질지도 모른다는 불안감을 가질 필요가 전혀 없다. 또한 슬럼프란 어떤 일을 무조건 하기 싫어 하는 것이 아니라 어

자신을 위해 최선을 다하지 않은 사람에게는 슬럼프가 나타나지 않는다.

제까지 잘해내왔던 일들을 도저히 할 수 없다고 느끼는 것이다. 전자라면 노력하고 의지를 다잡는 것이 필요하지만, 후자라면 잠시 쉬어가는 것이 필요하다. 그리고 현재 자신이 지친 이유가 후자에 가깝다면 용기 있게 쉬는 것을 선택할 수 있어야 한다.

공부를 한 번도 제대로 해보지 못한 이에게 필요한 것은 공부를 시작해야 할 의지다. 하지만 이미 너무 열심히 공부하여 좋은 성적을 받다가 중간에 지친 사람에게는 잠시 쉬는 시간이 필요하다.

우리 모두는 불완전한 존재다. 선수들도 마찬가지다. 그런 우리들이 완전하게 몰입하기란 사실 처음부터 불가능한 일일지도 모른다. 하지만 몰입하는 시간을 늘려나가는 것은 가능하다. 또 조금씩 늘어난 그 시간들이 몰입을 점차 완성에 가까워지게 만들어줄 것이다. 그렇게 시간을 좀

슬럼프란 반갑지 않은 손님이다. 하지만 열심히 노력한 사람에게는 한 번 더 성장하기 위해 잠시 도약하는 시간이 될 수 있다.

더 밀도 높게 쓰고 싶다면 몰입할 수 있는 에너지를 만들어야 한다. 그 에너지는 '휴식'을 통해 얻을 수 있다.

자신의 목표에 몰입하다가 도저히 몰입할 수 없는 상황을 맞닥뜨린 사람들에게 말해주고 싶다. 그런 순간이 온다면 올림픽 금메달리스트가 그랬듯, 그저 받아들이고 비워내며 쉬라고 말이다. 부진을 증오하지 말자. 그것은 어쩌면 당연한 과정이다. 부진을 중화시키기 위해 애써 다른 노력도 하지 말자. 그저 잠시 거기에서 눈을 돌리는 여유를 가져보자. 새로운 것들을 보고, 하고 싶었던 일들을 해보자. 아니면 아무것도 하지 않아도 좋다. 그러는 사이 슬럼프는 언제 왔냐는 듯 당신 곁을 떠날 것이다.

부진과 슬럼프는 분명 반갑지 않은 손님이다. 하지만 열심히 노력한 사람에게는 한 번 더 성장하기 위해 잠시 도약하는 시간일 수도 있다. "슬럼프를 극복한다는 것은 자기가 더 높이 올라갈 수 있는 하나의 기회를 잡는 것이다. 위기가 아니라 성장할 수 있는 증거다."라고 말한 전기영 교수의 말을 우리는 오랫동안 기억할 것이다.

대나무는 어느 정도까지는 성장하지 않다가 특정한 순간 폭발적으로 성장한다. 그런 대나무 마디마디에는 대나무가 성장한 일련의 시간들이 고스란히 새겨져 있다. 그 마디마디는 순식간에 성장했다는 의미이기도 하지만 어느 순간 잠시 멈춰 쉬었다는 의미를 담고 있기도 하다. 그렇게 본다면 잠시 쉬어간다는 것은 나라는 나무에 자신만의 마디마디를 만들어가는 것 아닐까?

"아무것도 하지 않을
자유를 선물하라."

한 걸음 한 걸음 나가다가 안 되면 쉬면 된다. 한 걸음도 힘든데 네 걸음, 다섯 걸음 가려고 하니 벅찬 것이다. 지금은 높은 계단에 걸터앉아 자신의 다리를 가만히 두드려주는 것, 그거면 된다.

# 13

# 목표에 의심을 담기 시작할 때
# 시작되는 독, 불안

최고의 선수들이 꼽은 집중과 몰입을 가장 방해하는 요소
는 불안감이었다. 이 불안감은 앞서 언급했던 부진과 슬럼
프와는 조금 다른 맥락이다. 쉽게 비유하자면 슬럼프가 복
합적인 요소들이 모여 어느 순간 터지고 마는 질병이라면
불안감은 금메달을 목에 걸기 전까지 결코 떨쳐낼 수 없는
고질병과 같은 느낌이었다.

선수들이 말하는 불안감의 실체란 '언제 이룰지 기약 없
는 목표', 즉 목표의 불확실성이었다. 그 어떤 최고의 선수
라 하더라도, 설사 자신을 이길 수 있는 사람은 그 어디에

선수들이 말하는 불안감의 실체란 '언제 이룰지 기약 없는 목표', 즉 목표의 불확실성이다.

도 없다고 자신하는 선수들조차도 금메달이란 결과까지 확신할 수는 없다. 평소 연습할 때 아무리 실력이 좋아도 그 실력을 판가름하는 본선 경기는 단판, 단 한 번의 순간으로 끝나기 때문이다. 세계 랭킹이 높은 선수가 유리한 건 분명하지만, 단 한 번의 경기에 누가, 얼마만큼의 에너지를 쏟아붓느냐에 따라 메달 색은 충분히 바뀔 수 있다.

목표에 몰입하는 과정에서 생기는 불안감에 대해 선수들은 세 가지 유형으로 설명했다. 첫 번째는 능력에 대한 불안감이다. 모든 선수가 늘 성적과 씨름한다. 연습할 때는 최대치의 결과가 나올 때까지, 시합할 때는 연습한 만큼 발휘하기 위해 애쓴다. 그 과정에서 원하는 결과가 나오지 않으면 불안해한다. 김소희 선수는 "올림픽 출전이 확정되니까 불안했어요. '내가 올림픽에 나가서 정말 잘할 수 있을까?'라는 걱정이 들었거든요. 이런 불안감이 저를 정신적으로 너무 힘들게 해요."라고 말했다.

두 번째는 부상에 대한 불안감이다. 이는 운동선수라면

대부분 안고 있는 것인데, 선수들은 부상만큼 두려운 것이 없다고 한다. 아무리 조심하고 주의해도 부상은 언제든지 발생할 수 있기 때문이다. 100% 방어할 수 있는 방법도 없고 경기에 임하면 필연적으로 겪게 되는 시련이다. 부상을 당한 선수라면 회복되지 못할까 봐 불안해하고 부상을 겪기 전이라면 이 부상이 언제 찾아올지 몰라 불안해한다. 양학선 선수는 부상으로 인한 고통과 불안에 대해 이렇게 말했다.

"철봉을 잡았다가 놓을 때 잘못 놓쳐서 몸이 날아가면 어쩌나 생각할 땐 정말 무섭죠. 맨바닥에 떨어지니까요. 한번은 부상을 당한 적이 있는데, 지금까지 쌓아 올린 탑이 와르르 무너지는 기분이었어요. 재활하면서도 엄청 힘들어서 몇 번이나 울고 체조를 그만둘 생각까지 했죠."

세 번째는 주변 사람들의 기대가 높아 압박을 받는 것이다. 그 대표적인 종목이 바로 양궁이다. 오진혁 선수는 자신을 불안하게 만드는 것들에 대한 이야기를 하면서 짤막하게 이 한마디를 내뱉었다 "저를 불안하게 하는 말들이 있어요. '한국 양궁 금메달' '믿고 보는 양궁' 같은 것들이요. 너무나 당연히 금메달을 딸 것이라고 사람들이 생각하니까 그 자체로 부담이에요." 사람들의 말이 중압감과 불안감의 씨앗이 된 경우다. 사람들이 "양궁 국가대표가 된다는 것은 곧 금메달을 딴다는 것이다."라고 우스갯소리를 하는 동안 정작 선수들은 그 말 때문에 불안해하고 있었던 것이다.

이는 양궁 종목만의 이야기가 아니다. 유도, 태권도, 쇼트트랙 등 금메달을 딴, 이른바 '효자 종목'의 선수들은 모두 느끼고 있었다. 이기면 영웅이고 지면 역적으로 모는 사람들의 과도한 관심이 선수들을 내몰고 있었던 것 같다. 더군다나 5,000만 명이 넘는 사람에게 그런 말을 듣는다면 그 부담감이 얼마나 클지 우리로서는 상상할 수 없었다. 선수들의 이야기를 듣고 있자니 너무 쉽게 최고의 결과를 기대했던 우리의 모습을 반성하게 되었다.

이런 불안감은 결국 현재 자신에 대한 불신으로 이어진다. '너무 높은 목표가 아닐까?' '과연 내가 저 목표를 이룰 수 있을까?' '왜 그 목표를 이룰 만큼 나는 성장하지 못했을까?' '이렇게 무리하다가 부상을 당하면 어쩌지?' '태극기를 가슴에 달고 국가대표 자격으로 출전했는데 메달 없이 돌아가면 수많은 사람들이 손가락질하겠지?' '나는 그 비아냥거림을 과연 견딜 수 있을까?' 이런 수많은 걱정들이 점차 선수 자신을 의심하게 만든다. 그러다가 마침내 '혹시, 처음부터 불가능한 꿈을 꾸었던 것은 아닐까?'라고 자신을 믿지 못하게 만드는 것이다. 이렇게 자신에 대한 확신이 사라지는 순간 목표에 몰입하기란 힘들어질 수밖에 없다. 거듭 말하지만 몰입에 있어서 최초이자 최후의 보루는 바로 자신이다.

이는 선수들의 이야기만은 아닐 것이다. 하나의 목표를 향해 몰입할 때 불안은 족쇄처럼 늘 따라다닐 수밖에 없다. 이루고자 하는 갈망과 이룰 수 없을 것이라는 의심은 동전의 양면과도 같은 관계이기 때문이다. 명문 대학교에 가고 싶다는 목표나 경제적 자유를 얻고 싶다는 목표, 다른 어떠한 것이든 자신의 삶을 한 단계 끌어올리는 목표에는 불확실성이 필연적으로 존재한다.

'시험 전날 몸이 아프면 어떡하지?' '부모님의 기대에 부응하지 못하면 어떡하지?' '이번에 승진을 해야 하는데 할 수 있을까?'

목표를 이루고 싶은 마음이

---

명문 대학에 가고 싶다는 목표나 경제적 자유를 얻고 싶다는 목표, 다른 어떠한 것이든 자신의 삶을 한 단계 끌어올리는 목표에는 불확실성이 필연적으로 존재한다.

간절할수록 이런 걱정들이 불안의 씨앗이 되어 우리를 흔든다.

'빵점을 쏘면 어떡하지? 역적이 되어버리면 어떡하지?' 너무 긴장해서 경기 중 이런 생각이 들었다고 웃으면서 이야기하는 2016년 리우데자네이루 올림픽 양궁 부문 금메달리스트 구본찬 선수의 이야기에는 마냥 웃을 수만은 없는 아련함이 있었다.

---

# "최후의 보루인 나 자신만은
# 절대 잃지 말자."

목표를 이루고 싶다는 갈망, 이룰 수 없을 것이라는 걱정과 불안은 동전의 양면과도 같다. 동전의 어떤 면이 내 손에 쥐어질지 모르지만, 두려워하지 말자. 결국 그 동전을 쥐고 있는 것은 내 손이다.

# 14

# 독을 독으로,
# 불안을 강박으로 극복하다

몰입하는 데 필연적으로 따라오는 불안이란 불청객을 선수들은 무엇을 통해 극복했을까? 스트레스에 어떻게 반응하느냐는 사람의 기질이나 성향과도 관련이 있다. 선수들도 마찬가지로 자기만의 방식을 가지고 있었다.

어떤 선수들은 지속적인 연습을 통해 불안감을 극복했다고 이야기했다. 김동성 해설위원은 자신을 불안하게 하는 모든 것들로부터 자유로워지는 방법은 오직 연습뿐이라고 했다. 어떤 행동을 반복적으로 연습하여 머리가 불안함을 인지하기 전에 몸이 먼저 반응하게 하는 것이다. 이런 방식은 행동을 통해 불안을 잠재우는 행동학적 해결책이라 볼 수 있다.

반면 행동이 아닌 감정으로 대응하는 방식을 선택한 선수들도 있었다. 오진혁 선수는 자신의 분노를 직설적으로 토해내며 불안함을 외부로 쏟아낸다고 말했다. 가령 활을 쏘다가 마음먹은 대로 되지 않으면 집어던지기도 하고 빗나간 화살을 모아 부러뜨리는 것이다. 시합 중에 뜻대로 되지 않으면 주변을 의식하지 않고 자신을 향해 독한 욕을 내뱉기도 했다. 이렇듯 감정을 외부로 쏟아냄으로써 그는 마음의 평안을 얻었다.

최민호 선수는 태릉선수촌에서 심리학 박사에게 배운 감정의 통로 전략을 통해 불안감을 해소한다고 했다. 감정의 통로 전략이란 자신의 마음속에 감정의 상자를 하나 만든 다음 불안함을 느낄 때마다 그 감정을 상자 안에 넣는 것이다. 그는 일상에서 불안함을 느낄 때마다 이 방법을 썼다. 특히 시합에 나갈 땐 그 상자를 다른 곳에 버리거나 시합 상대에게 그 상자를 던지는 상상을 통해 불안함을 극복했다고 말했다. 두 선수의 이런 극복 방법은 다른 것에 관심을 돌림으로써 기존의 불안감을 해소하려는 일종의 인지적 해결책이라 할 수 있다.

하지만 일상에서 불안함을 잘 다스리는 선수라고 해도 시합에 나설 때는 쉽지 않다. 평소 느끼는 불안함과 시합 직전에 느끼는 불안함은 완전히 다른 것이었기 때문이다. 입시를 준비하는 기간 내내 불안해하는 것과 수능 전날 느끼는 불안함이 엄청난 차이가 있는 것처럼 말이다. 그렇다면 도망칠 수도, 숨을 수도 없는 결전의 무대 앞에서 그들은 과연 어떻게 불안이란 감정을 제어할 수 있었을까?

이때 많은 선수가 공통적으로 불안을 해소하는 방법이 있다. 바로 루틴이다. 루틴이란 선수들이 불안함을 잠재우고 자신을 가장 안정적이고 이상적인 상태로 만들기 위해 어떤 동작을 취하는데, 이때 취하는 자기만의 고유한 동작을 의미한다. 영화 '글래디에이터'에서 막시무스가 검투사 시합 전 바닥의 흙을 한 움큼 쥐어서 손에 비비는 행위나, 브라질 출신 축구선수 호나우지뉴가 시합 전에 양손을 잔디 구장에 한 번, 하늘을 향해 한 번 올리는 행위가 이에 해당한다.

선수들이 루틴을 하는 이유는 그 행위를 했을 때 결과가 좋았던 경험을 하나의 패턴으로 만들어 그 행위를 반복하면 좋은 결과도 반복될 것이라는 믿음을 얻기 위해서다.

일종의 긍정적 징크스인 셈이다. '시합 전에 손바닥을 세 번 치면 게임이 잘되더라.' '눈을 세 번 깜빡이며 경기장에 들어서면 실수가 없더라.'라는 식으로 말이다.

선수들의 루틴 방식은 크게 행동적 루틴과 인지적 루틴 두 가지로 나뉜다. 실제로 어떠한 행위를 반복하는 행동적 루틴이 있었고, 마음속으로 자기만의 주문을 외우는 인지적 루틴이 있었다. 박승희 선수는 시합 전에 반드시 음악을 듣는 루틴을 가지고 있다. 양학선 선수는 2차 시기를 뛸 때 일단 손을 들고 심판석을 향해 자신의 등번호를 보여주는 행동을 취한다. 김소희 선수는 계절을 막론하고 시합 날에는 차가운 물로 샤워를 한다고 말했으며, 임오경 감독은 시합 날 반드시 방 청소를 하고 나간다고 말했다. 김광선 금메달리스트는 시합 날 면도와 샤워를 하지 않는 '헝그리 한' 루틴과 시합 나가기 5분 전 가장 긴장되는 순간 '어머님 은혜'라는 노래를 부르는 루틴을 가지고 있었다. 특히 이 노래만 부르면 힘이 나면서 강한 자신감이 생겼다고

선수들이 루틴을 하는 이유는 그 행위를 반복하면 좋은 결과도 반복될 것이라는 믿음을 얻기 위해서다.

했다. 이처럼 수많은 선수들이 특정 행위를 통해 시합 전 불안을 제거하고 집중력을 끌어올려 최상의 결과를 만들어낸다.

인지적 루틴을 하는 선수들도 있었다. 신기하게도 양궁 선수들이 많았는데 오진혁 선수는 "끝까지, 끝까지."라는 말을 계속 되뇌었고, 장혜진 선수는 "첫발, 자신 있게."라는 단어를 반복해서 말한다고 했다. 구본찬 선수는 "자신 있게, 나가도 9점(실수해도 9점은 맞는다는 뜻), 후회 없이, 과감하게."라는 4가지 말을 루틴으로 삼는다고 말했다.

선수들의 이야기를 듣다 보니 우리에게는 어떤 루틴이 있는지 생각해보게 되었는데, '동전 던지기'가 떠올랐다. 글을 쓰면서 유독 자신감이 없어질 때, 강연을 나가는데 그날따라 컨디션이 좋지 않을 때 동전을 던지는 것이다. 앞면과 뒷면 중 하나를 마음속으로 정하고 5번을 던진다. 그중 1번이라도 생각했던 면이 나온다면 그날은 좋은 글이 나오는 날이고 강연 역시 잘하게 된다. 일종의 자기 암시인 셈이다. 어쨌든 지금까지 이 방법을 써서 불운했던 적은 없기에 늘 이 방법을 고수하고 있다.

루틴을 통해 불안감을 극복하는 선수들을 보며 독을 독

으로 다스리듯 '불안을 강박으로 극복하는구나.'라는 생각
이 들었다. 어떤 행위를 통해 반드시 좋은 결과가 나올 것
이라고 의도적으로 믿는 것처럼 보였기 때문이다.

　여기서 강박은 불안증의 한 형태이기도 하지만 동시에
불안을 해소하는 방법이기도 하다. 가령 컵을 가지런히 놓
지 않으면 불안함을 느끼는 강박증은 컵을 가지런히 놓으
면 그 불안감이 해소된다. 통제 불가능한 변수들 때문에
얻은 스트레스와 불안을 통제 가능한 행동으로 해소하는
것은 꽤 타당해보였다.

　루틴의 효과와 그 타당성은 심리학과 뇌의학의 영역에
서도 긍정적으로 평가되고 있다. 심리학에서는 어떤 두 행
위가 실질적으로 아무런 연관이 없더라도 행하는 사람이
서로 연관되어 있다고 믿으면 그 자체로 사람에게 심리 변
화가 일어난다고 말한다. 동전을 던져 원하는 면이 나오
는 것과 좋은 글을 쓰는 것은 서로 이율배반적인 행위지
만, 이 두 과정이 서로 관계가 있다고 믿으면 행하는 사람
이 이 행위를 통해 자신감을 얻을 수 있다는 의미다. 일종
의 플라세보효과인 것이다.

　루틴을 통한 심리적 안정감은 뇌의 반응과도 밀접한 연

두 행위가 실질적으로 아무런 연관이 없더라도 행하는 사람이 서로 연관되어 있다고 믿으면 그 사람에게 심리적 변화가 일어난다. 최고의 선수들이 루틴을 통해 자신감을 얻는 것도 그런 이유에서다.

관을 지닌다. 같은 상황에 처해도 어떤 심리 상태이냐에 따라 뇌가 인지하고 만들어내는 물질이 다르기 때문이다. 가령 루틴을 통해 스스로 자신감과 안정감을 얻었다면 그 상황이 좋지 않더라도 도파민과 같은 긍정적인 물질을 만들어낼 수 있다. 이는 자신의 심리 상태를 조절할 수 있으면 불안감도 해소할 수 있다는 의미가 된다. 이런 관점에서 보면 루틴이란 긍정적 징크스를 설계하여 불안을 해소하는 것은 상당히 설득력이 있어 보였다.

이 루틴은 운동선수뿐만 아니라 몰입이 필요한 모든 이에게도 유용한 전략이다. 앞서 말한 것처럼 불완전한 존재인 우리는 몰입하기 위해 불완전성의 산물인 불안감과 싸워야 한다. 이런 상황에서 스스로 어떤 행동을 반복하여 불안감을 통제하고 안정감을 얻을 수 있다면 몰입은 더 쉬울 것이다.

강연장에서 만난 사람들 중 한 학생은 시험 기간 중에는 쉬는 시간에 아무 말도 하지 않는 버릇이 있다고 했다. 또 어느 대기업에 다니는 대리는 큰 프로젝트의 프레젠테이션을 앞두고 화장실에 가서 물 묻힌 손을 거울에 찍는 버릇이 있다고 말했다. 두 사람은 이 행위를 통해 자신의 긴장감을 다스리고 순간적으로 몰입할 수 있는 최적의 상태를 만들었다. 이 또한 자신만의 루틴을 효과적으로 활용한 사례다.

마음속으로 짧은 몇 마디를 되뇌며 마지막 한 발에 집중했던 양궁 선수들처럼, 자신의 등번호를 사람들에게 보여주며 떨리는 마음을 다잡았던 어느 체조 선수처럼 지금 이 책을 집어든 당신도 당신에게 맞는 루틴을 통해 불안감을 해소해나갈 수 있다.

# 금메달리스트들이
# 알려주는 몰입 플래닝

---

## "불안감을 잠재우는
## 나만의 주문을 가져라."

나에게 자신감을 불어넣어 주는 것이라면 어떤 행동도, 어떤 말도 좋다.
떨리는 순간 그 한마디의 말이, 작은 행동 하나가 흔들리는 마음을 붙잡
아줄 것이다. "자신 있게, 후회 없이, 과감하게."라는 말처럼 나만의 주문
을 만들어서 외워보자.

# 15

# 모든 시작에 끝이 있듯,
# 모든 끝에는 또 다른 시작이 있다

최고의 선수들과 인터뷰를 하면서 그들의 생각과 감정에
공감하지 못했던 적은 없었다. 감히 우리가 그들과 같은
수준으로 경험했다는 의미는 결코 아니다. 다만 우리도 꽤
치열하게 살아왔다고 자부하기에 그들의 생각과 감정을
치환하여 해석할 수 있는 어느 정도의 유사 경험이 있었
다. 그 경험을 바탕으로 그들의 이야기에 발맞추어 갈 수
있었다. 그런데 유일하게 그들이 느낀 감정 중 그 깊이를
가늠할 수 없었던 것이 하나 있었다. 바로 허무함이었다.

 선수들은 수십억 인구가 주목하는 자리에서 최고라고

인정받았다. 명실공히 세계 1위였다. 그들은 최후의 1인이 되기 위해 상상도 할 수 없을 만큼 많은 것을 내던졌다. 생각하기도 싫은 강도 높은 훈련을 견뎠으며, 오직 올림픽 금메달만 바라보며 자신의 모든 것을 걸고 몰입했다. 그리고 마침내 그 목표를 이루었다. 하지만 많은 선수들이 이 순간에 대해 이렇게 말한다. "기쁜 건 한순간이고 허무함이 밀려온다."라고 말이다.

분명 선수들은 금메달을 따는 순간 지금까지 느껴보지 못했던 즐거움과 승리감을 맛보았다고 했다. 하지만 그 감정이 몇 년간 지속된 선수는 단 한 명도 없었다. 대부분 몇 달, 짧게는 수일 내에 즐거움이 사라지고 어느 순간 덩그러니 남겨진 자신을 발견하게 된다고 했다. 그러고 나면 갑자기 한 가지 질문이 머릿속을 스쳐 지나간다는 것이다.

'그럼, 이제 뭐 하지?'

선수들은 운동선수로서 이룰 수 있는 최상위의 목표를 달성했다. 세계 1위 이상의 목표는 거의 존재하지 않기 때문이다. 하물며 그것을 인생의 3분의 1도 채 지나지 않은 시점에 이루었다. 하지만 이 책에서 말한 것처럼 어떤 목표를 이루는 시간보다 우리가 살아갈 시간이 훨씬 길다. 선수들은 목표를 이루고 나자 비로소 그 사실을 피부로 느낀 것이다. 그들이 느낀 허무함은 아마 이 사실에서 비롯되었을 것이다.

선수들이 느낀 허무함은 정말 소수의, 정점을 찍어본 자들만이 느낄 수 있는 일종의 '슬픈 전유물'이었다. 또한 그 감정은 꽤 오랫동안 그들을 괴롭힌다. 어떤 선수는 수개월을, 어떤 선수는 수년이란 시간을 그 허망함과 싸운다. 선수들은 그 과정이 금메달을 따기 위해 몰입했던 시간만큼 외롭고 쓸쓸하다고 말한다. 무언가를 해내기 위해 몰입했는데 그 몰입의 끝이 비극적인 것이다.

그럼 이룰 수 없는 꿈을 꾸어야 할까? 이룰 수 없는 꿈을 꾸는 것은 몽상가일 뿐이라고 사람들은 말한다. 우리 역시 모든 꿈은 이룰 수 있어야 하고 실현 가능한 것을 목표로 삼을 때 몰입할 수 있다고 말했다. 물론 이 말을 번복할 생각은 없다.

하지만 그들의 허망함을 마주하며 문득 그런 생각이 들었다. '목표를 위해 인생에 몰입하며 사는 것도 좋지만 도달할 수 없는 목표를 하나쯤 가지는 것도 괜찮지 않을까.'라고 말이다. 리얼리스트가 되더라도 이룰 수 없는 꿈 하나를 가지고 살아가라는 체 게바라의 말이나, 견딜 수 없는 고통을 견디고 가질 수 없는 꿈을 가지라고 말했던 돈 키호테의 말은 어쩌면 비현실적인 이야기만은 아닐지 모른다. 오히려 세상의 이치를 깨달았기에 죽는 순간까지도 자기의 삶을 관철하고 몰입하라는 가장 현실적인 조언은 아니었을까.

천재 건축가 가우디의 미완성작인 스페인 사그라다 파밀리아 성당에 대해 들은 적이 있다. 1883년 그가 주임 건축가가 되고 나서 죽을 때까지 완성하지 못한 이 건물은 130년이 넘는 지금까지도 여전히 공사가 진행 중이다. 그리고 성당의 목수들이 대를 이어가며 건물을 완성해나간다고 한다. 목수인 아버지가 살아생전 지었던 부분을 그 아들이 이어받고, 또 그다음 대에 물려준다는 것이다.

이 이야기를 들으며 한때는 그 아버지의 삶이 '다 이루지 못하고 끝난 삶'이라고 생각한 적이 있었다. 죽을 때까지 한 가지에만 매진했는데도 끝을 보지 못한 그 삶이 얼마나 허무할까 싶었다.

허나 돌이켜 생각해보니, 그 목수에게 성당을 짓는 것은 죽을 때까지 한 가지에 매진하고 몰입할 수 있게 해준 가장 이상적인 형태의 목표가 아니었을까 싶다. 그래서 그 목수의 삶은 어느 것 하나 이룬 것이 없는 삶이 아니라, 죽는 날까지 허망함을 느끼지 않고 꿈을 좇을 수 있었던 축복된 삶은 아니었을까.

언제라도 도달할 수 있는 것이든, 생이 끝날 때까지 도달하지 못하는 것이든 결국 몰입할 수 있는 목표 자체를 잃지 않는 것이 중요하다.

그렇다고 이제 와서 도달하지 못할 꿈을 좇으라는 것은 아니다. 이룰 수 있는 목표를 설정하고 성취하는 것이 중요하다는 사실은 변함이 없다. 그 과정이 있어야 우리가 끊임없이 몰입할 수 있기 때문이다. 다만 여기서 더 강조하고 싶은 것은 생이 끝나기 전에 도달하는 것이든, 생이 끝날 때까지 도달하지 못하는 것이든 결국 몰입할 수 있는 목표를 스스로 잃지 않는 것이다.

우리가 인생을 살아가는 궁극적인 목적은 무엇인가? 더 나은 인간이 되기 위함이다. 우리가 목표를 이루고 나서도 멈추지 않고 다시 더 큰 목표를 세우고 성취해야 하는 이유도 바로 이 때문이다. 즉 무언가를 해내기 위해 몰입했고, 그것을 이루고 나서 허망함을 느낀다고 하더라도 다시 우리가 몰입해야 하는 이유는 인생의 궁극적인 목적, 그것을 잃지 않기 위해서다.

최고의 선수들 역시 그 사실을 알기에 허무함에 빠져 있지만은 않았다. 망설이고 방황하고 주저했지만 그들은 다시 각자 자기만의 길을 개척했다. 장혜진 선수는 선수로서 한 단계 더 높은 성취를 이루기로 결심했다. "올림픽 금메달 하나가 지금까지 힘들었던 시간을 보상해준다고 생각했죠. 그렇지만 그 금메달이 제 인생의 최종 목표는 아니었어요. 만약 금메달이란 목표 하나였다면 그 목표를 이루고 난 다음 제가 느낄 박탈감은 어떡해요? 그래서 금메달 다음의 더 큰 목표가 뭔지 고민했어요. 선수로서 가질 수 있는 목표 말이죠. 오는 2020년 도쿄 올림픽에서 메달을 따고 싶어요. 올림픽 2연패와 개인전, 단체전, 혼성까지 최초로 3관왕을 이룬 선수가 되는 게 목표입니다. 물론 그것 역시 제 인생의 최종 목표는 아니에요."

이 선수처럼 선수로서 자신의 한계를 뛰어넘기 위해 더 높은 목표를 설정하는 이들도 있었지만 선수 생활을 접고 다른 길을 가는 사람들도 있었다. 어떤 선수는 지도자의 길을 걷기 시작했고, 어떤 선수는 교육자라는 새로운 목표를 품었다. 또 운동선수가 아닌 전혀 다른 길을 선택한 선수들도 있었다. 그들은 각자 하고 싶은 일들을 찾아 다시 목표를 정하고, 자기 삶의 태엽을 감기 시작했다.

여기에서 재미있는 것은 선수들 대부분이 새롭게 자신의 길을 정하자 그 누구보다 빨리, 강하게 다시 그 목표에 몰입했다는 것이다. 한번 제대로 몰입하여 목표를 이루고 뭔가를 성취했던 경험 덕분인 듯했다. 어제까지 걸어왔던 몰입의 길이 새로운 몰입의 길을 이끄는 길잡이가 된 것이다.

이 선수들이 걸어가는 제2의 길을 보니 금메달이란 목표가, 자신을 위한 몰입의 정점이 비극적이란 생각을 고쳐먹게 되었다. 찬란했고, 허망했고, 방황했으나, 결국은 새로운 목표를 설정하게 만들어주었고, 그 목표에 몰입할 수 있게 해주었으니까 말이다.

누구나 목표의 정점에 도달하는 순간이 찾아올 것이다. 그리고 선수들처럼 한 가지 목표를 이루고 나면 각자 조금의 허망함을 느낄지도 모른다.

명문 대학교에 들어간 다음에도 진로 때문에, 취업 때문에 다시 고민하며 방황할 수 있다. 좋은 직장에 들어가 승승장구하며 승진해도 그 위치에서 고민해야 할 것들이 또 생

금메달리스트들이 각자 자신의 인생을 다시 꾸렸듯이 우리도 그다음 목표를 찾고 이루기를 멈추지만 않으면 된다.

길지 모른다. 하지만 중요한 것은 거기에서 한 걸음 더 나아가는 것이다. 금메달리스트들이 각자 자신의 인생을 다시 꾸렸듯이 우리도 그다음 목표를 찾고 이루기를 멈추지만 않으면 된다. 그 경험들이 쌓이고 쌓여 더 나은 인생, 더 나은 나를 만들어줄 것이기 때문이다.

"끝날 때까지는 끝난 게 아니다." 미국 메이저리그의 전설, 야구 선수 요기 베라가 한 명언이다. 그렇다. 우리가 세운 목표도, 우리의 인생도 완전히 끝이 날 때까진 끝난 게 아니다. 정점이라 생각했던 그 순간도 우리의 긴 인생에서 놓고 보면 그다음 길로 나아가는 과정일 뿐이다. 그러니 어떤 순간에도 우리가 목표를 가지고 몰입해야 하는 그 이유, 그것을 잊지는 말자. 끝으로 김재범 선수와의 인터뷰 중 인상 깊었던 한 대목을 남긴다.

"금메달을 땄을 때 '내가? 진짜? 우와!'라며 믿지 못하고 기뻐했죠. 그런데 한 이틀 지나니까 '이제 뭐 하지?'라는 생각이 들더라고요. 올림픽 금메달만 보고 달려왔는데 이제 끝났잖아요. 허무한 거죠. 후배들한테 제가 물어봐요. '넌 형이 좋아 보이니?'라고요. 그러면 '네, 지나가면 사람들도 알아보고 어딜 가나 대우를 받잖아요.'라고 대답하더라고요. 그러면 후배들한테 말하죠. '다 해봤는데 아무것도 없어.'라고요. 정말 끝까지 가봤는데 도착해보니까 아무 것도 없더라고요.

1등을 하고 허탈함을 느꼈을 때 한 가지 깨달은 게 있어요. '꿈하고 목표는 다른 거구나. 내가 할 수 있는 일을 목표로 하고, 내가 이룰 수 없는 것을 꿈으로 삼아야겠구나.' 체중이 90kg 나가는 사람이 60kg으로 빼는 건 꿈일까요? 아니요. 목표예요. 쉽진 않지만 아예 불가능한 일은 아니잖아요. 할 수 있는 일은 목표예요. 내가 해낼 수 없는 일, 그게 꿈이잖아요. 저한테는 그 꿈을 갖겠다는 목표가 다시 생긴 거죠.

제 꿈은 끝까지 노력한 사람이에요. '이제 저 그만할게요.'라고 했을 때 누구라도 반박할 수 없을 정도로 끝까지 해본 사람이 되고 싶어요. 제 운동 종목만큼은요. 그래서 다시 도전하려고요.

나중에 제 딸에게 아빠는 살면서 끝까지 도전한 사람이었다고 말해주고 싶어요. 배운 게 유도뿐이지만, 이거 하나만큼은 될 때까지 해봤다고 얘기해주고 싶어요. 그래서

> '이제 저 그만할게요.'라고 했을 때 누구도 반박할 수 없을 정도로 끝까지 해본 사람이 되고 싶어요.

어떠한 일이 있더라도 너도 네 인생에서 끝까지 포기하지 말라는 교훈을 주고 싶어요. 근사하지 않나요?"

———————————————●———————————————

## "끝은 또 다른
## 새로운 시작의 알림이다."

몰입하던 목표를 이루었다고 끝난 게 아니다. 끝이라고 허망함을 느끼는
순간조차 삶이란 거대한 지도에서 보면 하나의 이정표일 뿐이다. 우리는
여전히 남은 인생에 대해 끝까지 몰입해야 할 의무가 있다. 더 나은 삶.
더 나은 내가 되기 위해 더 큰 목표를 품고 달려가는 것. 그래서 인생의
끝자락에 섰을 때 나에게 당당해질 수 있는 것. 그것이 우리가 몰입해야
하는 이유다.

# 4 장

조건 없이 사랑하는 '자기애'가 강해서 맹목적으로 몰입하든, 무너지면 안 되는 자기만의 이유를 지키기 위해서
몰입하든 선택은 각자의 몫이다. 그저 자신의 성향에 맞는 방법을 선택하고 그것을 잃지 않기 위해 몰입하는 것
이 중요하다.

'자기애',
나를 지키는 최후의 보루

# Final
# FLOW

# 16

# 그냥 나라서
# 혹은 이걸 이룬 나여서

최고의 선수들은 자기 자신을 사랑할까? 자기애가 강할
까? 대부분의 사람들은 당연히 그럴 거라고 생각할 것이
다. 한 분야에서 최고의 성취를 이룬 자신을 사랑하지 않
을 이유가 없기 때문이다. 우리도 처음 선수들을 인터뷰할
때 이건 너무 당연한 질문이어서 물을 필요도 없다고 생각
했었다. 하지만 그것은 완벽한 오판이었다. 자기애가 강하
다고 말한 선수들도 있었던 반면, 자기애가 부족하다고 말
하는 선수들도 절반에 가까울 만큼 많았기 때문이다.

먼저 이 주제에 대해 이야기하기 전에 '자기애'에 대한

개념을 확실히 짚고 가자. 자기애의 사전적 정의는 자기의 가치를 높이고 싶은 욕망, 그것에서 비롯된 자신에 대한 사랑이다. 조건 없이 자신을 사랑하는 것도 자기애이지만 자신이 뭔가를 잘해서 얻게 되는 명예나 자격, 긍정적인 평판도 자기애에 포함된다. 그러나 이 책에서는 전자에 한하여 '자기애'라고 표현하겠다. 왜냐하면 자신이 만들어낸 뛰어난 결과물은 사랑하지만 그렇다고 무조건 자신의 존재를 사랑하는 건 아니란 것을 선수들과의 인터뷰를 통해 깨달았기 때문이다.

먼저 자기애가 강하다고 대답한 선수들은 그것이 목표에 몰입하는 데 큰 도움이 되었다고 했다. 자신을 사랑하는 마음이 없다면 그 힘든 운동을 어떻게 해낼 수 있겠느냐고 되물으며 말이다. 고된 훈련과 지독한 외로움마저 견뎌야 하는 일에 자기애는 필수인 셈이다. 김재엽 교수는 스스로 무너지거나 경쟁에서 나가떨어지면 죽을 수밖에 없는 자리가 국가대표의 자리라며, 거기에서 살아남기 위해선 자기애는 당연한 것이라고 답했다. 이런 주장은 일반적으로도 충분히 납득할 만한 말이었다.

그렇다면 자기애가 부족하다고 말했던 선수들은 도대체

어떻게 이 외로운 싸움에서 끝까지 몰입하여 승리할 수 있었을까? 오히려 우리가 궁금했던 것은 바로 이 지점이었다. 이 질문에 가장 명쾌한 대답을 내놓은 사람은 이은철 금메달리스트였다. 자신을 사랑하지 않는다고 단언한 그는, 자신의 명예를 사랑해서 여기까지 올 수 있었다고 대답했다. 그 명예를 해칠 만한 행동은 결코 하지 않으며 그것을 지키기 위해 노력하다 보니 강하게 몰입할 수 있었다는 것이다. 자기애가 부족하다고 대답한 선수들 대부분이 비슷한 대답을 내놓았다. 평소에는 소극적이거나 자신감이 부족했던 사람들도 경기할 때만큼은 자신감이 있었다. 지금까지 노력해서 얻은 결과에 대한 자부심도 컸다. 이성진 선수도 마찬가지였다.

"'양궁 하면 나 이성진이지.'라며 경기할 때만큼은 항상 제가 최고라고 생각했어요. 솔직히 평소에 제가 어디 가서 나서는 걸 잘 못하거든요. 그런데 활을 잡을 때만큼은 남들 앞에 서도 당당하고 잘할 수 있다고 생각하는 거죠. 그러면 불안하거나 두려운 마음이 좀 덜해요. 큰 대회에서 흔들리기 마련인데 이러면 나에게만 집중할 수 있어요."

이 이야기를 들으며 우리는 두 의견이 하나의 지향점을 향하고 있다는 것을 알게 되었다. 바로 '지켜야 할 것에 대한 집착'이다. 자신을 사랑하는 사람이 최우선으로 지키고 싶은 대상은 자신이다. 자신을 조건 없이 사랑하기 때문에 스스로 선택한 길마저도 인내하고 가는 것이다.

자기애가 부족한 사람이 최우선으로 지켜야 할 대상은 자신의 업적이다. 좀 더 정확히 말하면 그런 업적을 통해 얻은 자기 분야에 대한 자신감이다. 이런 성과를 유지하고 더 큰 업적을 만들기 위해 힘들어도 몰입하는 것이다.

이는 언뜻 보면 비슷해 보이지만 분명히 다르다. 특히 성적에 따라 마음 상태가 달라진다거나 슬럼프를 극복하는 데 있어서 두 경우는 큰 차이를 보였다. 사랑의 본질은 어떤 존재를 아끼는 마음이다. 그 마음에는 이유가 필요하지 않다. 논리가 통하지 않은 감성의 영역에 해당하는 셈이다. 전자에서 말하는 '자기애'는 '감정'이다. 따라서 감성의 영역에 속하는 것으로, 자기애가 강한 사람은 경기 결과에 상관없이 자신을 믿고 사랑하며 아낀다. 경기 결과가 부진하거나 슬럼프에 빠져도 비

자신을 사랑하는 사람이 최우선으로 지키고 싶은 대상은 자신이다. 자신을 조건 없이 사랑하기 때문에 스스로 선택한 길마저도 인내하고 가는 것이다.

교적 빠르게 회복한다. 반면 자기 영역에서 자부심이나 자신감을 갖는 것은 성취라는 '결과'의 영향을 받는다. 다시 말해 결과가 좋을수록 자신감이 강하고 나쁠수록 자신감이 떨어진다. 자기애는 없지만 자신의 명예를 사랑한다고 말한 사람은 경기 결과가 부진하거나 슬럼프에 빠지면 그것을 극복하는 데 자기애가 강한 사람보다 오랜 시간이 걸렸다.

이런 관점에서 보면 자기애가 강한 것이 자기애가 부족한 것보다는 확실히 유리해 보였다. 하지만 그렇다고 자기애가 없다는 사람에게 자기애를 강요할 수는 없는 노릇이다. 사랑은 권유나 명령으로 생기는 것이 아니기 때문이다. 따라서 자신이 자기애가 부족하다면 억지로 자기애를 가지려고 노력하기보다 자신감을 키워줄 자기 영역을 구축하는 것이 더 바람직하다. '나는 부족하고 모자란 사람이지만 이 영역에서만큼은 최고야.' 이런 자신감이 만들어낸 독기가 자기애 못지않게 목표에 몰입하는 데 도움이 될 것이다.

전라도에 있는 한 고등학교에서 강연을 한 적이 있다. 그때 만났던 전교 1등 학생의 말이 기억난다. "이것도 못하면 전 진짜 아무것도 아니니까요." 당시에는 공부를 잘하는 친구도 자존감이 낮을 수 있다는 사실에 좀 의아했었다. 그런데 다시 생각해보면 그 학생은 자존감이 낮았을지언정 자신에게 맞는 방식을 찾아 스스로 몰입하고 있었다. 현명하게 자기 방식을 찾은 그 학생을 함부로 안타까워 할일이 아니었던 것이다. 그 학생은 이 방식으로 충분히 자신의 수준을 차근차근 끌어올릴 테니까 말이다.

자기애가 강해서 맹목적으로 몰입하든, 무너지면 안 되는 자기만의 이유를 지키기 위해서 몰입하든 선택은 각자의 몫이다. 선택이라기보다는 숙명에 가까울지도 모르겠다. 사랑하고 싶어서 사랑하는 것도, 사랑하기 싫어서 사랑하지 않는 것도 아닐 테니까 말이다. "남을 죽여야 내가 사니까, 지기는 죽기보다 싫으니까, 나를 사랑하지 않아도 내 자리를 지키기 위해 집중했다." 송석우 선수의 이 말을 들으며, 모든 선수가 각자의 숙명에 맞는 방법으로 몰입하고 있다는 생각이 들었다. 이 글을 읽는 당신도 당신에게 맞는 방법으로 몰입할 수 있길 바란다.

# 금메달리스트들이
## 알려주는 몰입 플래닝

———————————●———————————

# "나를 사랑하거나
# 나의 명예를 사랑하거나."

자기애가 강하면 결과가 부진해도 스스로 다독이며 앞으로 나아갈 수 있다. 자기애는 부족하지만 자신의 명예를 사랑하면 그 명예를 지키기 위해 고군분투한다. 당신은 어느 쪽인가? 어느 쪽이든 상관없다. 타고난 자기애는 없고 '나는 지금 너무 부족하고 초라한 내 모습이 싫어.'라고 자괴감에 빠져 있다면 그 괴로움에서 빠져나올 수 있는 작은 성과를 만들어보자. 자기애보다 내가 노력해서 만든 결과를 지키기 위해 독하게 구는 것이 때로는 더 깊고 확실하게 몰입하는 방법이 될 수 있다.

# 17

# 몰입, 창을 가질 것인가
# 방패를 만들 것인가

'선택적 자각'이란 심리학 이론이 있다. 다트머스대 심리학과 알버트 하스토프(Albert Hastorf)와 프린스턴대 사회학과 해들리 캔트릴(Hadley Cantril) 교수가 연구한 것으로, 사람은 보이는 것을 보는 것이 아니라, 보고 싶어 하는 것을 본다는 내용이다. 이 말은 스스로 무엇을 보려고 자각하는가에 따라 같은 것이라도 다르게 볼 수 있음을 의미한다.

선수들이 자신의 역량을 최고로 끌어올리려고 할 때도 이 이론이 들어맞았다. 금메달리스트도 사람이기에 장점과 단점이 공존한다. 모든 면에서 장점만 가지고 있는 선수는 한 명도 없었다. 이는 선수들이 스스로 발전의 방향을 선택해야 한다는 의미가 된다. 가령 장점을 더욱 강화시켜 강점으로 만들거나, 단점을 보완하여 약점을 없애거나 두 가지 중 한 가지 방향을 선택해야 한다는 뜻이다.

물론 약점을 장점으로 만들고 장점을 강점을 강화하는 것이 가장 이상적인 형태겠지만 이는 어디까지나 이상에 불과하다. 그게 가능했다면 모든 선수에게 약점이 없었을 것이고 그랬다면 올림픽은 인간의 싸움이 아니라 신들의 싸움이 되었을 것이다. 결국 선수들도 어느 한 곳에 방점을 찍을 수밖에 없다.

이때 선수들은 어떤 선택을 할까? 선수들이 생각하는 방점의 방향은 각기 달랐다. 어떤 선수는 자신의 역량을 더 키우기 위해 장점을 더 강화하는 방법을 택하고 어떤 선수는 자신의 단점을 보완하는 방법을 택했다.

장점을 강화한 경우 어떤 선수는 좋은 자세가 장점이어서 이를 강점으로 키워 금메달을 목에 걸었고, 어떤 선수는 힘이 좋은 것이 장점이어서 이 부분을 키워 금메달을 따냈다. 이런 선택을 할 때 선수들 나름대로 합리적인 근거들이 있었다. 먼저 장점을 강점으로 만드는 데 방점을 찍은 선수들의 근거는 크게 2가지였다.

첫 번째는 약점은 결국 한계가 있기에 약점이라는 것이다. 약점은 아무리 보완해도 강점이 될 수 없다는 뜻이다. 이미 출발선이 다르기 때문이다. 선수들이 생각하는 약점이란 경쟁 선수보다 스타트 라인이 뒤처져 있는 것이다.

가령 A라는 역량을 놓고 나와 경쟁 선수를 비교했을 때, 상대적으로 경쟁 선수보다 내가 부족하다고 하자. 그러면 두 사람이 동일한 시간을 투자해 연습한다고 가정했을 때 누구에게 유리할까? 아무리 시간을 투자해 보완한다고 해도 상대보다 그 역량을 강점으로 만들기는 어려울 것이다. 즉 가성비가 높지 않다는 말이다. 시간 대비 효율성이 낮은 것. 이것이 약점이 가진 태생적 한계성이다.

두 번째 이유는 약점은 보완해서 해결할 것이 아니라 강점으로 덮어야 한다는 지론이다. 첫 번째 이유와도 연결되는 말이지만 한마디로 장점을 강점으로 만드는 것이 약점을 보완하는 것보다 효율성이 높다는 뜻이다. 약점을 보완하느라 자신이 가지고 있던 장점마저 평범하게 만들 것이냐, 그 장점을 다른 선수들과 비교도 안 될 만큼 특출한 것으로 만들 것이냐 이 두 가지 중 후자를 택한 셈이다.

특히 이용대 선수는 약점을 보완하느라 장점마저 약하

게 만드는 것은 선수에게 독이 될 수 있다고 지적했다.

"장점을 강점으로 만드는 게 더 중요해요. 저는 네트 플레이가 장점인 선수였어요. 하지만 후위 공격이 약해서 상대가 이를 간파하고 저를 자꾸 뒤로 보내려고 하더라고요. 제가 이 부분을 보완하려고 웨이트 트레이닝을 했어요. 그런데 그 과정에서 제가 잘못했던 게 뭐냐면 제 장점이었던 네트 플레이를 강점으로 만들지 못한 거예요. 단점을 보완하는 것에 치중하니까 장점도 평범해지더라고요. 장점을 강점으로 만든 다음 단점을 보완했어야 했는데 그게 가장 아쉽더라고요."

오진혁 선수 역시 단점보다 장점을 극대화하는 것이 선수에게 더 효율적이라고 강조했다. "단점을 고치려고 하지 않았어요. 오히려 장점을 극대화시켜서 장점으로 단점을 덮으려고 했죠. 8점, 7점 쏘는 것에 신경 쓰지 않고 10점을 많이 쏘려고 했어요. 10점을 더 많이 쏘면 점수 격차를 만회할 수 있으니까요. 단점을 줄이려고도 해봤는데, 그게 쉽지도 않고 그러다 보니까 장점

단점을 보완하는 것에 치중하니까 장점마저 평범해지더라고요. 장점을 강점으로 만든 다음 단점을 보완하는 것이 더 낫죠.

도 약해지는 것 같아서 더 신경 쓰지 않아요."

선수들이 강조하는 것은 장점을 강화한다면 경쟁자와의 격차를 벌릴 수 있다는 점이다. 자신의 역량이 클 때는 상대와 거리를 더 둘 수 있고 경쟁자보다 뒤처졌다면 그 격차를 좁힐 수 있다는 것이다. 쉽게 말해 장점을 강점으로 만들었을 때 그 강점은 경쟁에서 이길 수 있는 자기만의 무기가 된다. 장점의 강점화를 주장하는 선수들을 무기로 비유하자면 마치 '창'과 같은데, 그들은 전쟁에서 창에 찔리는 것을 두려워하기보다, 먼저 찌를 수 있도록 준비하자는 생각을 가진 사람들이었다.

반면 약점을 보완해야 한다고 주장하는 선수들 역시 2가지 근거를 제시했다. 첫 번째는 장점은 이미 그 자체로 강점이기에 더 시간을 투자할 필요가 없다는 것이다. 이는 장점과 약점을 재능의 영역으로 해석한 것이기도 했다. 장점을 가지고 있는 이유는 타고나서라는 생각이 지배적이었다. 타고난 재능이기에 다른 선수들이 노력해도 따라올 수 없다는 것이다. 약점을 보완해도 강점은 될 수 없다고 주장하는 생각과 맞닿아 있는 논리다. 이미 앞서가고 있기 때문에 많은 시간을 투자할 필요가 없는 것이다.

두 번째 이유는 약점을 보완하지 않을 경우 상대에게 패배할 수 있는 요인이 노출되고 이는 승부의 세계에서 치명적이라는 것이다. 약점을 보완해야 한다고 주장하는 선수들도 약점이란 아무리 노력해도 강점이 될 수 없다는 점에는 물론 동의했다. 그들 역시 약점이 가진 태생적 한계에 대해선 인정한 셈이다.

그렇다고 해서 약점을 보완하지 않는다는 것은 스스로 불안 요소를 늘 가지고 있겠다는 뜻인데, 단판으로 승부를 결정하는 올림픽 경기에서 그런 위험한 도박을 할 이유가 있느냐고 반박했다.

최민호 선수는 그런 관점에서 단점을 보완하는 것이 더 중요하다고 강조했다. "장점은 어차피 제가 잘하는 부분이니까 괜찮아요. 그런데 단점을 보완하지 못하면 심리적으로 압박을 느껴요. 단점을 강점으로 만드는 건 힘들겠지만 보완만 해도 잘하는 거죠." 김현우 선수도 뭘 더 하려는 것보다 자신이 가지고 있는 것들 중 필요 없는 것, 단점을 줄이는 것이 더 좋은 방향으로 나아가는 것이라고 강조했다. 이 이야기를 듣고 있으니 약점을 보완해야 한다고 말하는 선수들은 '방패'와 같다는 생각이 들었다. 선제공격을 하기보다는 상대에게 공격할 빌미를 주지 않는 것에 더 중점을 두고 있어서다.

하지만 창과 방패, 서로 다른 입장을 취하고 있는 선수들에게도 공통점이 있었다. 바로 '신경 쓰이는 불안 요소는 제거해야 한다.'라는 것이었다. 장점을 강점으로 만들어야 한다고 주장하는 선수도, 약점을 보완해야 한다고 주장하는 선수도 방식에는 차이가 있지만 최종 목표는 약점을 극복하고 자기 역량을 끌어올리는 것이다.

따라서 어느 쪽을 선택하든 무엇이 더 좋고 나쁜지 따질 필요는 없다. 그저 본인의 기질에 따라 결정하면 된다. 창의 기질을 가졌다면 자신이 가진 창을 더욱 날카롭게 만들면 되고 방패의 기질을 가졌다면 더 단단한 방패를 만들면 된다. 중요한 것은 그 불안 요소를 효과적으로 제거하여 더욱 안정적으로 목표에 몰입하는 것이다.

1994년 릴레함메르 동계올림픽 쇼트트랙 부문 금메달리스트 출신 채지훈 해설위원의 "강점으로 약점을 가리면 되는

장점을 강점으로 만들어도 좋고 단점을 보완해도 좋다. 어느 쪽이든 자신의 약점을 극복하고 역량을 끌어올리기 위함이니까. 자기 기질에 맞게 선택하면 된다.

데 약점을 왜 신경 쓰냐."라는 말과 "약점을 놔두면 불안해질 것을 뻔히 아는데 어떻게 보완하지 않을 수 있냐."라는 김광선 금메달리스트의 말이 머릿속에서 부딪쳤다. 하지만 주장은 달라도 서로 자신의 목표에 더 몰입하기 위한 선택이라는, 지향점은 같다는 점이 참 재미있다.

## 금메달리스트들이
## 알려주는 몰입 플래닝

●

# "찌를 것을 고민하는 창
# vs 막을 것을 고민하는 방패
# 선택은 달라도 몰입은 하나다."

장점을 더 강하게 만들 것이냐, 단점을 보완할 것이냐는 자신의 기질에
따라 선택하면 된다. 중요한 것은 어떤 방식이든 자신의 불안 요소를 제
거하는 것이다. 그래야 더 깊이 몰입할 수 있기 때문이다.

# 18

# 아사다 마오도
# 김연아가 좋은 라이벌이었을까

사람들은 라이벌이라는 존재에 열광한다. 절대적인 존재
가 군림하는 세계보다 경쟁자들이 서로 엎치락뒤치락하며
아슬아슬 줄타기를 하는 묘미, 반전 드라마도 쓰고 노력하
면 된다는 것도 증명해 보이는 것에 크게 매료되서다.

복싱에서는 플로이드 메이웨더 주니어(Floyd Mayweather
Jr.)와 매니 파퀴아오(Manny Pacquiao)가, 축구에는 크리스티
아누 호날두(Cristiano Ronaldo)와 리오넬 메시(Lionel Messi)가
서로에게 그런 존재다. 뿐만 아니라 우리가 살아가는 세계
곳곳에도 그런 라이벌 구도가 즐비하다. 하다못해 영화만

봐도 배트맨에게 영원한 숙명의 라이벌 조커가 있지 않은가. 손오공에게는 베지터가, 강백호에게는 서태웅이란 존재가 있듯이 말이다. 재미난 사실은 거의 대부분 이런 라이벌 구도가 결국 서로를 성장시키는 절차탁마적 관계로 그려진다는 것이다. 숙명의 라이벌을 통해 좌절을 겪지만 이내 극복하고 최정상의 자리에 오르는 이야기 구조는 우리에게 무척이나 익숙하다.

그렇다면 실제 금메달리스트에게도 그럴까? 그들에게 라이벌이란 자신을 성장시키는 존재, 결과적으로 자신에게 이득이 된 꼭 필요한 존재였을까? 우리가 인터뷰한 대부분의 선수에게도 라이벌이 있었다. 그중 꽤 많은 선수가 라이벌 때문에 자신이 성장할 수 있었다고 고백했다. 때로는 따라잡아야 할 목표가 되어주었고 때로는 따라잡힐까 봐 더 열심히 했다는 것이다. 양학선 선수는 초등학교 때부터 함께했던 라이벌 선수에 대해 이렇게 언급했다.

"초등학교만 다르지 같이 훈련하고 대회에 나갔던 라이벌이 있었죠. 고등학교 때까지는 그 선수가 1등을 하면 제가 2등을 하고, 제가 1등을 하면 그 선수가 2등을 하고, 엎치락뒤치락했어요. 지금 생각해보니 그런 라이벌 구도가 없었다면 지금의 저도 없었을 것 같아요. 쫓아오는 놈이 있으니 더 빨리 달리는 것이고, 잡을 수 있는 놈이 있으니 역시 더 힘을 낼 수 있는 거죠. 그때 당시에는 그 친구가 엄청 싫었지만, 결과적으로 보면 선의의 라이벌이었네요."

이성진 선수도 박성현 전라북도청 양궁 감독을 보며 더 많이 자극받고 성장할 수 있었다고 고백했다. "싱글 예선 만점이 1,440점이거든요. 전 세계에서 1,400점을 넘은 유일한 사람이 박성현 감독님이에요. 그 정도로 정말 실력이 출중해요. 활을 잘 쏠 수 있는 모든 능력을 다 가지고 있어요. 자세도 교과서에 나오는 그대로고요. 그러다 보니 '나도 저만큼 가야지, 저 언니만 이기고 싶다.'라고 목표를 가졌어요. 그게 저한테는 약이었던 거 같아요. 양궁의 가장 이상적인 형태를 책이 아니라 실물로 본다고 생각해보세요. 실력이 안 늘겠어요?"

여기까지만 생각했을 때 라이벌이란 존재는 세상이 만들어놓은 이미지에 어느 정도 맞아떨어진다고 생각했다.

하지만 김광선 금메달리스트와 인터뷰하면서 들은 그의 말

라이벌이 없었다면 지금의 저도 없겠죠. 쫓아오는 놈이 있으니 더 빨리 가려 했고, 잡을 수 있는 놈이 있으니 더 힘을 냈어요.

한마디에 이 생각은 전혀 다른 방향으로 흐르기 시작했다.

"수많은 라이벌들이 있었죠. 하지만 그들에게 저는 원수였겠죠."

김광선 금메달리스트는 라이벌 선수를 상대로 9번을 이겼고, 그 결과로 8년 동안 국가대표 자리를 독식했다. 그 경쟁 선수 입장에서는 그가 원수 같았을 것이란 말에 우리는 중요한 사실 한 가지를 간과하고 있었음을 깨닫게 되었다. 바로, 지금 우리가 인터뷰하는 모든 선수들은 자신의 라이벌을 이긴 승자라는 사실이다.

우리와 인터뷰한 선수들 중 누구도 라이벌을 한 번도 이긴 적이 없다고 말한 사람은 없었다. 당연한 말이다. 그랬기에 지금 자신이 최고의 자리에 오를 수 있었을 테니까 말이다.

결과가 좋으면 그 과정까지 좋게 포장되기 마련이다. 라이벌 때문에 성장할 수 있었다는 말은 그들이 승리했기 때문에 가능한 결과론적 해석이 아니었을까? 삼국지에서 명장 주유는 죽음을 앞에 두고 "하늘은 어찌 조조를 이 세상에 보내고, 제갈량도 보냈단 말인가?"라며 통곡했다. 주유는 제갈량과 수없이 지략 대결을 펼쳤지만 한 번도 승리하지 못했다. 그런 주유의 입장이라면 과연 제갈량이 있었기에 자신도 지지 않으려 노력할 수 있었다는 말이 쉽게 나올까?

만약 선수들에게 단 한 번도 이기지 못한 선수가 라이벌로 존재한다면 어떨까? 그 라이벌을 자신의 성장을 도와준 존재라 말할 수 있을까? 김연아 전 피겨스케이팅 선수는 은퇴를 앞두고 한 인터뷰에서 아사다 마오를 언급하며 "동시대에 함께 경쟁했던 좋은 선수가 있었음에 감사하다."라는 말을 남겼다. 과연 아사다 마오에게도 김연아 선수가 그런 존재였을까? 이는 물론 확인할 길은 없다.

그렇지만 선수들과의 인터뷰를 통해서 경쟁에서 졌던 수많은 선수들의 마음을 어느 정도 유추할 수 있는 대답이 있었다. 채지훈 해설위원은 은메달을 목에 걸었을 때 한없이 울었다고 했다. 아쉬움도 있었지만 무엇보다 경쟁 선수의 금메달과 자신의 은메달에 대한 세상의 평가가 너무나 달랐기 때문이다.

전기영 교수는 선의의 경쟁도 중요하지만 동시에 그것이 항상 선수들에게 도움이 되는 것은 아니라고 이야기했다. 자극을 받아 열심히 하기도 하지만 동시에 너무 의식하고 신경 쓰다 보면 자신에게 집중할 수 없기 때문이다.

이런 선수들의 이야기는 라이벌에 관한 우리의 생각에 큰 변화를 주었다.

'라이벌이란 어디까지나 내가 이겼을 때 그 긍정적인 가치가 발현된다.'

단 한 번도 이기지 못한 사람에게 라이벌이란 그저 하나의 재앙일 뿐이다. 승리하면 패배한 대상을 향해 엄지를 추켜올리는 관용의 자세를 보일 수 있지만 패배자는 그럴 수 없다. 결국 라이벌이 있었기에 더 매진할 수 있었고, 더 집중할 수 있었다는 말은 어디까지나 단 한 번이라도 승리해본 사람에게 해당될 뿐이다.

살리에리 증후군이라는 것이 있다. 모차르트와 같은 시대에 태어나 평생 그의 그늘 밑에서 2인자로 머물러야 했던 궁중 악사 안토니오 살리에리에 빗대어 2인자가 겪어야 하는 좌절감과 상실감을 설명하는 증상이다. 삼국지의 주유도, 피겨스케이팅의 아사다 마오도, 김광선 금메달리스트가 상대했던 이름 모를 선수도 모두 살리에리 증후군을 앓았을 것이다. 그리고 그들에게 제갈

> 라이벌이란 내가 이겼을 때 그 존재가 긍정적 역할을 하는 것이다. 단 한 번도 이기지 못한 사람에게 라이벌은 그저 재앙을 뿐이다.

량은, 김연아는, 김광선은 자신이 몰입하는 데 도움이 되지 않았을 것이다.

우리도 살면서 목표를 세우고 그것에 몰입하다 보면 같은 길을 걸어가고 있는 라이벌과 마주할 때가 온다. 그 라이벌은 같은 반의 친구나 직장 동기, 동종 업체의 누군가가 될 수 있다. 그리고 그들과의 경쟁은 아마도 불가피할 것이다. 길고 긴 경쟁의 세계에서 라이벌은 분명 좋은 자극제가 될 수 있다. 그 사실을 부정할 생각은 없다. 다만 그 라이벌을 마주했을 때 적어도 이 한 가지는 반드시 확인해야 한다. '누가 모차르트고, 누가 살리에리인 거지?' 아니면 '이 경쟁 구도가 최소한 엎치락뒤치락할 수 있는 것인가?' 이 질문에 대해 스스로 답해보고 성장에 필요한 자극제로 삼을 것인지 무시하고 자신의 길을 갈 것인지 선택해야 한다.

국민 만화가 이현세는 '천재와의 경쟁에서 이기는 법'이란 주제로 자신의 제자들에게 이런 이야기를 했다.

"젊은 시절 유독 나보다 뛰어난 동료 작가들이 많았다. 나는 그들과 싸워서 이기려고 하기보다 그들을 먼저 보내는 방법을 선택했다. 경쟁과 욕심 때문에 나를 망치는 것보다 앞질러 가는 이가 있다면 기꺼이 자리를 내주었다. 그 경쟁에 휘둘리지 않고 묵묵히 내 길을 걷다 보니 어느 순간 앞서갔던 수많은 사람들은 사라지고 내가 가장 앞자리에서 걷고 있었다."

그의 이야기는 라이벌을 어떻게 대할 것인가에 대해 다시 한 번 생각하게 해주었다. 이길 수 없는 상대 때문에 좌절하기보다 그 경쟁 상대를 자기 마음에서 버리는 방법, 때로는 돌아가는 것이 더 현명할 때도 있는 법이라는 것을 알려주었기 때문이다.

선택은 물론 자신의 몫이다. 라이벌을 성장하고 몰입하기 위한 도구로 사용하든, 라이벌을 피해서 자신의 길에 더 집중하든 각자 자신에게 맞는 방법을 택하면 된다.

## 금메달리스트들이
## 알려주는 몰입 플래닝

---

## "라이벌은 마음먹기에 따라
## 약도, 독도 될 수 있다."

라이벌을 곁에 둘 수도 있고 버릴 수도 있다. 라이벌을 통해 자극받아서 성장할 것인지, 라이벌을 의식하느라 좌절할 것인지 선택은 나의 몫이다. 무엇이 내가 목표에 몰입하는 데 도움이 될 것인가, 이 한 가지만 잊지 않으면 된다.

# 5장

흔히 사람들은 환경은 타고난 것으로 생각한다. 태어날 때 부모를 선택할 수 없고 태어났을 때 주어진 환경을 쉽게 바꿀 수 없기 때문이다. 하지만 국가대표 선수들은 타고난 재능만을 믿지 않고 죽을힘을 다해 노력해 몰입할수 있는 최적의 환경을 구축했다. 이 말은 환경이란 노력하면 얼마든지 바꿀 수 있다는 말과 같다. 자, 당신이라면 환경 탓만 할 것인가, 주어진 환경을 조금이라도 바꾸기 위해 노력할 것인가?

몰입을 위한
완벽한 환경

# 19
# 탱자와 귤의
# 씨앗은 같다

고사성어 중에 귤화위지(橘化爲枳)라는 말이 있다. 중국 춘추시대 제나라의 명재상인 안자(晏子)에게서 유래된 말로 귤이 변해서 탱자가 된다는 뜻이다. 좀 더 쉽게 설명하면 같은 씨앗이더라도 메마르고 척박한 땅에 심으면 작고 쓴 탱자가 되고, 비옥하고 따뜻한 땅에 심으면 크고 단 귤이 된다는 것이다. 기후와 풍토가 달라지면 동일한 것이라도 그 성질이 바뀔 수 있다는 의미로 환경의 중요성을 이야기할 때 자주 인용되는 말이다.

사람에게도 환경이란 무척 중요한 요소다. 위대한 화가

미켈란젤로가 '최후의 심판'이란 작품을 완성할 때 이런 에피소드가 있었다. 그는 세상 모든 것들을 화폭에 담고 싶었는데 오직 천사와 악마만은 담지 못했다고 한다.

천사의 얼굴을 담기 위해 세상을 떠돌던 중 어느 산골에서 한 소년을 만났다. 때 묻지 않은 소년의 순수한 얼굴을 보며 그는 이것이야말로 천사의 얼굴이라며 그의 얼굴을 모티브 삼아 화폭에 담았다. 하지만 끝내 악마의 얼굴만은 찾을 수 없었다.

어느덧 20년이 지났고 완성하지 못한 그림을 보며 안타까워하고 있을 때 그는 악명 높은 살인자의 이야기를 전해 들었다. 그는 흉측한 살인자의 얼굴을 보며 악마의 얼굴임을 확신했고, 마침내 악마를 그리며 그림을 완성했다. 하지만 여기서 한 가지 반전이 있었다. 사실 천사의 얼굴을 한 소년과 악마의 얼굴을 한 살인자는 동일 인물이었다. 그 소년이 20년 동안 불우한 환경에서 자라면서 살인자로 자란 것이었다.

최고의 선수들은 몰입하는 데 환경 또한 중요한 요소라고 지적한다. 그들은 모두 자기 기질에 맞는 환경과 철학을 가지고 있다.

최고의 선수들도 금메달을

거머쥘 수 있었던 수많은 요소 중에 환경을 **빼놓지** 않고 언급했다. 각자 자신의 기질에 맞는 환경, 그 환경에 관한 철학을 가지고 있었다.

송석우 선수는 자기 집처럼 편안한 곳을 최고의 환경으로 꼽았다. 특히 냄새에 지나치리만큼 민감한 그는 해외에 나갈 때도 집에서 사용하던 이불을 항상 진공 포장해서 가지고 다녔다. 그 냄새로 편안함을 느꼈고, 이를 통해 더 경기에 집중할 수 있었다고 했다.

김동성 해설위원 역시 편안함을 주는 환경의 중요성을 강조했다. "집중하려면 일단 자신이 있는 곳이 편안해야 해요. 처음 갔던 장소, 어색한 곳에서 집중할 수는 없거든요. 많이 가본 장소나 익숙한 장소에서 집중이 더 잘되잖아요. 쉽게 얘기해서 처음 간 공항에서는 탑승구를 한참 찾아야 하는데 가본 적이 있는 공항에서는 길을 헤매지 않는 것과 같은 거죠. 이미지 트레이닝이 되어 있다고 할까요? 그럼 내가 몰입해야 하는 목표에 집중하기가 훨씬 수월하죠."

임동현 선수는 정적인 분위기보다는 동적이고 자발적으로 훈련할 수 있는 분위기의 환경을 최고로 꼽았으며, 심권호 금메달리스트는 누군가가 응원해주고 스스로 희열이

느껴지는 곳을 최고의 환경이라 말했다. 반면 박승희 선수
는 혼자만의 시간과 독립적인 공간이 보장되는 환경이 자
신이 몰입하기에 가장 좋은 환경이라 말했다.

　선수들 각자에게 맞는 최적의 환경은 이처럼 각기 달랐
다. 하지만 모든 선수들이 공통적으로 입을 모아 칭찬하
는 최고의 환경이 있었다. 바로 태릉선수촌이다. 태릉선수
촌에 대한 평가는 전 세계적으로도 굉장히 유명하다. 국가
대표 선수들이 최고의 환경에서 운동할 수 있도록 그들의
24시간을 체계적으로 관리해주는 곳은 태릉선수촌이 거의
유일하기 때문이다. 이은철 금메달리스트는 태릉선수촌에
는 더 좋을 수 없을 만큼 최고의 시스템이 갖춰져 있다고
칭찬했다. 김소희 선수 역시 영양과 생체리듬을 체계적이
고 과학적으로 관리해주는 곳은 태릉선수촌뿐이라며 찬사
를 보냈다. 박승희 선수는 태릉선수촌 자체가 집중하는 데
가장 좋은 환경이라고 했다. 특히 체력 소모가 큰 선수들
을 배려해 헬스장, 숙소, 식당 등 모든 편의 시설을 한곳에
모아 놓은 것이 좋았다고 했다. 구본찬 선수는 기량이 뛰
어난 선수들과 함께하는 환경의 중요성에 대해서도 이야
기했다.

"국가대표팀이나 실업팀이나 훈련 시간은 비슷해요. 다만, 누구와 훈련받는지가 성장하는 데 더 큰 영향을 주는 것 같아요. 국가대표팀은 전체적으로 기량이 뛰어나니까 그 안에서 훈련받다 보면 저도 자연스럽게 그 정도 수준까지 올라가게 돼요. 저는 그게 저를 발전시켰다고 생각해요. '아, 내가 여기 있어도 되나'라며 매일 스트레스 받지만, 종일 같이 훈련받는 선수들이 활을 잘 쏘니까 곁에서 보고 배우는 것도 있고, 저 선수보다 더 잘 쏴야겠다는 동기부여도 되거든요. 자기랑 목표 의식이 비슷한 사람들끼리 모여서 하다 보면 자연스럽게 실력이 늘어요."

이런 최고의 환경에 대해 이야기를 나누면서 인상 깊었던 인터뷰가 있었는데, 바로 양궁 선수와 나눈 내용이었다. 대한양궁협회가 선수들을 위해 제공하는 환경은 실로 놀라움의 연속이었다. 선수들의 입을 통해 실제로 들으니 더 대단하다고 느껴졌다. 올림픽 환경과 최대한 비슷하게 꾸려 훈련하는 것은 기본이었다. 가령 베이징 올림픽과 리우데자네이루 올림픽에 대비해 훈련받는다고 하면 태릉선수촌의 연습장을 올림픽 경기장의 모양과 최대한 동일하게 만들어 선수들의 적응력을 높인다(심지어 관객들까지 모형으로 만들었다고 했다). 2016년 리우데자네이루 올림픽에서 전 종목을 석권한 양궁 국가대표팀 문형철 감독과의 인터뷰에서도 선수들을 얼마나 아끼고 그들이 최고의 환경에서 훈련받을 수 있게 노력하는지 고스란히 느껴졌다.

"리우데자네이루 올림픽에 참가했을 때 선수들 이동 시간이 너무 길어서 휴식을 취할 수 있는 휴게소를 만들었어요. 소파 하나를 선택하는 데도 재질을 가죽으로 할지 천으로 할지 고심했고요.

벽 색깔이나 음악은 어떻게 할지, 아주 세세한 것까지 심리학 박사님이랑 이야기해서 골랐어요. 최우선으로 고려했던 건 당연히 선수들의 안정이었죠. 그리고 선수들이 휴식을 취할 때는 청소하거나 식사를 가져다주는 분들 이외에는 어떤 사람도 못 들어오게 했어요. 이사, 부회장 같은 협회 관계자들도 예외는 없었고요. 언론사 취재도 선수들이 시합 나가고 휴게소가 비었을 때 촬영하게 했었죠. 오로지 선수들이 완전히 편하게 쉴 수 있는 데만 집중했어요. 리우데자네이루 올림픽 양궁 전 종목 석권은 그런 노력도 영향을 미쳤다고 생각해요."

그밖에도 아낌없는 투자를 통해 선수들을 관리하고 있어 국가대표가 되면 잘 쏠 수밖에 없게 된다고 자부심 섞인

자랑을 하는 이성진 선수의 말을 들으며 많은 국가대표 선수들이 이런 동일한 혜택을 누렸으면 하는 바람이 들었다.

그런데 이 완벽한 환경에 대해 우리가 인지해야 할 매우 중요한 사실이 하나 있다. 모두가 바라는 최고의 환경은 노력한 사람에게만 허락된다는 것이다. 치열한 국내 경쟁을 뚫고 국가대표의 자리에 오른 사람에게만 허락된 환경이 바로 태릉선수촌이고, 국가대표 양궁 선수만이 대한양궁협회의 지원을 받을 수 있었다.

흔히들 환경은 타고난 것이라 생각하기 쉽다. 태어날 때 부모님을 선택할 수 없듯, 태어났을 때 자신에게 주어진 환경을 쉽게 바꿀 수 없기 때문이다.

이런 주장도 완전히 부정할 수는 없다. 하지만 태릉선수촌이란 최고의 환경은 달랐다. 물론 일부 재능을 타고난 선수들도 있지만 그 재능을 가진 선수들조차도 죽을힘으로 노력해서 얻은 환경이 태릉선수촌이다.

이 말은 누구라도 자신이 처한 환경을 얼마든지 노력해서 바꿀 수 있다는 말과 같다. 그렇다면 자신의 손으로 바꿀 수 없는 환경을 탓하거나 원망하느라 시간을 허비할 것이 아니라 주어진 환경을 조금이라도 바꾸기 위해 노력하는 것이 더 현명한 방법이 아닐까.

자신의 손으로 바꿀 수 없는 환경을 탓하기보다 주어진 환경을 조금이라도 바꾸기 위해 노력하는 것이 훨씬 더 현명하다.

우리가 만났던 한 장관은 유복하지 못한 환경에서 자랐고, 선천적 소아마비를 가지고 태어났다. 장관이 된 그는 지난날을 이렇게 회고했다. "몸이 불편했던 덕분에 농사 대신 공부를 할 수 있었어요. 가난한 덕분에 장학금을 받으려고 더 열심히 공부했고요. 가진 것이 없었던 덕분에 누굴 만나도 늘 겸손할 수밖에 없었습니다. 그 결과 그리 대단하지 않은 제가 장관의 자리까지 올 수 있었네요."

부족하고 불우한 환경을 '때문에'가 아니라 '덕분에'라고 지칭한 그의 말에서 무엇을 느꼈는가? 열심히 노력하고 매사 긍정적으로 바라본 그의 시각과 태도가 더 나은 환경을 만든 건 아닐까? 우리들에게도 이런 태도가 필요한 것이 아닐까?

환경은 몰입하는 데 굉장히 중요하다. 환경에 따라 본인이 가진 몰입의 씨앗이 탱자가 될 수도 귤이 될 수도 있기 때문이다. 하지만 그것이 주어진 환경에 의해서만 결정된다고 생각하지는 않는다. 얼마든지 자신의 노력으로 환경을 바꿀 수 있고, 그 바뀐 환경에 따라 자신도 바뀔 수 있다. 몰입하고자 한다면 자신에게 알맞은, 최상의 환경을 만들기 위해 노력하라. 그만큼 몰입의 정도도 달라질 것이다.

# "환경이 몰입을 바꾼다,
# 그 환경은 내 손에서 시작된다."

누구나 최고의 환경을 바란다. 하지만 그런 환경은 모두에게 주어지지 않는다. 끈질기게 노력하고 몰입하는 사람. 최고의 환경을 가질 자격은 그런 사람에게만 주어진다. 지금 주어진 환경이 부족하다고 탓하고만 있을 것인가, 스스로 최고의 환경을 만들 것인가?

# 20
# 사람은 누군가의 등을
# 보고 자란다

홀로 성장하는 사람은 흔하지 않다. 여러 가지 경험을 하면서 이 말에 두 가지 의미를 부여하게 되었는데, 하나는 홀로 성장할 능력을 가진 이는 많지 않다는 것이고 또 하나는 홀로 성장해야 할 만큼 고독한 처지에 놓인 사람 역시 많지 않다는 것이다.

삼인행필유아사(三人行 必有我師)라는 말이 있다. 세 사람이 걸어가면 그중 반드시 한 명에게는 배울 점이 있다는 뜻이다. 그 말은 틀렸다. 앞서거니 뒤서거니 하며 걸어가는 사람이 두 명이라면 두 사람 모두에게 배울 점이 있다.

한 명은 나보다 뛰어나서, 한 명은 나보다 뒤처져서 말이다. 뛰어난 자에겐 저렇게 해야 앞으로 나갈 수 있다는 점을 배울 수 있고 뛰어나지 않은 자에겐 저렇게 해선 안 된다는 교훈을 얻을 수 있다.

우리가 인터뷰했던 최고의 선수들은 지극히 개인주의적이다. 앞에서 충분히 그 기질에 대해 설명했지만 최고의 목표에 몰입하기 위해서 이타적 성향을 배제했고 독함과 투쟁심을 발휘했다. 철저하게 혼자가 되는 길을 선택한 사람들, 고독을 벗 삼아 피투성이 발로 정처 없이 걸어가야 하는 방랑자들.

그렇지만 그들조차 마지막에는 혼자 힘만으로 올라왔다고 하지 않았다. 몰입하는 순간에는 혼자였지만 그렇게 자기 기량을 끌어올리기까지 앞에서 이끌어주고 뒤에서 밀어주며 도와준 사람들이 있었던 것이다.

선수들은 어린 시절부터 국가대표가 될 때까지 다양한 감독과 코치를 만난다. 물론 모든 사람들이 도움이 된 것은 아니다. 어떤 감독들은 최고의 스승이었지만 어떤 감독들은 사리사욕만 챙기느라 스승으로서의 자격을 갖추지 못했다.

그들은 어떤 감독을 최고의 지도자라고 기억하고 있을까? 1988년 서울 올림픽 탁구 부문 금메달리스트인 양영자 전직 탁구 선수에게는 자신을 배려해준 감독과 다른 선수들과 비교하며 자극한 감독 두 성향의 사람이 있었다. 두 감독은 모두 그녀가 성장하는 데 큰 도움이 되었다고 했다.

반면 심권호 금메달리스트는 선수들과 진심 어린 공감을 할 수 있는 감독을 최고의 감독으로 뽑았으며, 구본찬 선수는 신뢰를 바탕으로 한, 시시콜콜한 일조차 의논할 수 있는 감독을 최고의 감독이라 생각했다. 2012년 런던 올림픽 유도 부문 금메달리스트 출신 송대남 코치는 개인의 이익보다 선수의 인생을 먼저 생각하는 감독을, 김지연 선수는 대화와 소통을 잘해주는 감독을 최고의 감독으로 생각했다. 또 김재엽 교수는 자신을 다시 경기장으로 돌아오게 만든 감독을 최고의 스승이라고 꼽았다.

"사실, 제가 로스앤젤레스 올림픽 끝나고 인대가 다 끊어져서 수술하고 은퇴하려고 했어요. 근데 그 당시 용인대 교수로 있던 장은경 국가대표팀 감독님이 대구까지 절 찾아와서 만류했죠. '다시 시작하자, 너는 한 번 더 올림픽에 나갈 수 있는 자질을 갖고 있다.'라고 설득하는 거예요. 제가 몇 번 거절했는데, 문득 그런 생각이 들더라고요. '감독님이 교수로 계신 용인대에도 뛰어난 선수들이 많은데, 왜 나를 잡아줬을까?'라고요. 학연을 떠나서 제 자질을 믿어주는 분이었던 거죠. 고맙잖아요. 그 덕분에 다시 경기장으로 돌아왔어요. 제가 유도하면서 평생 감사해야 할 분이 있다면 바로 그분이죠."

선수들이 말하는 최고의 감독이란 대체로 진심으로 선수를 대하고 소통하려고 노력한 사람이었다. 그 말을 들으면서 올림픽이란 초일류간의 싸움에서 결국 정신적으로 자신의 몰입을 도와주는 조력자를 선수들은 최고의 지도자로 생각하고 있는 것이 아닐까 싶었다.

그럼 최고의 선수들이 생각하는 최악의 지도자란 어떤 사람들일까? 여기서부터는 자칫 선수들에게 해가 될까 봐 실명을 거론하지 않고 종합적으로 이야기하겠다.

융통성 없게 훈련만 시키고 열정이 없는 코치, 시합의 결과를 모두 자신의 공으로 돌리는 감독, 자기 개성이 강해 선수의 개성을 죽이는 감독, 선수를 생각하지 않는 감독, 이론만 앞서고 실전 응용력이 부족한 코치, 부진 앞에서 선수의 정신력 탓만 늘어놓는 감독 등이었다.

입에 담기도 싫고 글로 옮기기도 싫을 만큼의 지독하게 굴었던 감독들도 있었다. 선수들에겐 훈련을 종용하고 자신은 술을 마시거나 도박을 하러 갔던 감독도 있었고 학연과 지연에 빠져 의도적으로 특정 선수의 능력을 죽이려는 감독도 있었다. 가장 충격적이었던 것은 그 말 못할 고생을 겪고 금메달을 목에 건 선수들에게 자기 몫의 뒷돈을 요구했던 감독이었다. 어떻게 그런 자질을 가진 이가 감독을 하고 있을까란 한탄과 그런 감독보다 그렇지 않은 감독에 대한 언급이 압도적으로 높은 것에 대한 안도가 동시에 들었다.

최악의 감독들이 가지는 공통적인 특징은 '선수보다 자신의 안위와 명예를 우선시'한다는 것이다. 선수를 이끌어야 하는 그들이 선수를 이용하려 하는 순간, 진심 어린 소통은 있을 수 없다. 선수가 마음을 열지 않는데, 몰입에 도움이 되는 정신적 지원이 가능할 리 만무하다.

좋은 지도자와 그렇지 않은 지도자의 이야기를 들으며 문득 그들이 말했던 좋은 지도자의 이야기를 들어보고 싶다는

최악의 조력자는 도와주는 대상보다 자신의 안위와 명예를 더 중요하게 생각하는 사람이다.

생각이 들었다. 그래서 예정에 없던 인터뷰 스케줄을 새로 기획하였고, 그들이 언급한 모든 명장들을 만날 순 없었지만 3명의 감독들과 인터뷰를 진행했다. 그들의 이야기를 듣고 있자니, 왜 이들이 많은 선수들의 사랑과 존경을 받았는지 알 수 있었다.

그중 2012년 런던 올림픽 양궁 국가대표팀 장영술 총감독이 가장 먼저 떠오른다. 그는 1996년 애틀랜타 올림픽부터 2012년 런던 올림픽까지 무려 5번의 국가대표팀 코치, 감독을 맡았다. 그가 만든 기록은 양궁 여자 단체전 5연패. 단 한 번도 금메달을 놓친 적이 없는 명장이다.

우리들과의 인터뷰에서 성과보다는 선수들의 안전이 중요하다며, 만약 도쿄 올림픽을 할 때 원전에 대한 안전 이슈가 조금이라도 발생하면 선수들을 보내지 않겠다고 단호하게 말했다. 그 모습을 보며 왜 이 감독이 20년간 양궁의 주요 직책을 맡으며 선수들을 이끌 수 있었는지, 왜 모든 선수들이 존경과 신뢰를 보내는지를 잘 알 수 있었다. 또한 모든 것이 매뉴얼로 되어 있어야 한다며, 그래야 선수들을 개인의 감정에 따라 차별하거나 휘둘리지 않고 공정히 대할 수 있다고 말하는 것에서 그의 신념과 선수와 양궁에 대한 깊은 애정을 느낄 수 있었다.

2016년 리우데자네이루 올림픽 양궁 전 종목 석권의 영광을 만들어낸 문형철 총감독은 선수들의 심리 상담 결과에 대해 단 한 마디의 정보도 상담 선생님에게 묻지 않는다. 으레 감독이라면 모든 정보를 제공받는 것이 관례임에도, 문형철 감독은 그렇게 하지 않았다. 선수와 상담 선생님 사이의 심리 상담이 외부로 새어나갈 경우, 선수들이 더 이상 심리 치료를 믿고 받을 수 없게 되며 결국 선수들에게 전혀 도움이 되지 않는다는 것이 그 이유였다. 그가 얼마나 선수 입장에서 배려하고 판단하는지를 알 수 있었다.

속이 부글부글 끓어도 정신력이 무너진 선수에겐 닦달하지 않고 한걸음 나아가기 위해 쉬어야 할 때도 있는 거라며 쉼과 휴식을 강조했던 2016년 리우데자네이루 올림픽 레슬링 부문 국가대표팀 박장순 감독도 기억에 남는다. 그는 무너진 선수에게 훈련을 강요하는 것은 결국 선수를 생각하지 않는 감독의 아집일 뿐이라고 강한 어조로 말했다. 소통이란 자신이 아닌 상대의 입장에서 바라볼 때 이루어진다는 말의 참 의미를 그를 통해 느낄 수 있었다.

지도자에 대한 선수들의 이야기를 들으며, 그리고 실제로 그들이 존경한다는 몇몇의 지도자들을 직접 만나며 사람은 홀로 성장할 수 없는 존재임을 다시 한 번 알게 되었다. 당대 최고의 자리에 오른 이 선수들조차 한때 경기장에 돌아가기를 망설였고, 자신을 의심했고, 두려워했다. 그들의 손을 잡아주었기에, 이끌어주었기에, 오늘날 이들이 존재할 수 있었다. 좋은 지도자를 만난다는 것은 다른 어떠한 것들과 비교해도 부족하지 않을 만큼 몰입의 중요한 요소였다.

## 금메달리스트들이
## 알려주는 몰입 플래닝

---

## "최고의 선수들 뒤에는
## 언제나 최고의 스승이 존재한다."

혼자 걷는 길이지만, 혼자만이 해낼 수 없는 길이 바로 몰입의 길이다. 나의 성장과 노력을 진심으로 아껴주는 사람이 단 한 사람이라도 있다면 당신은 반드시 목표에 몰입할 수 있다.

# 최후의 몰입을 만들
# 당신만의 한 발을 기대하며

2017년 밤바람이 제법 차가워진 어느 날, 유난히도 길었던 지난날의 여정을 마쳤다. 끝을 맺은 이야기 앞에서 우리는 한동안 헤어 나오지 못했다. 그건 아마도 우리가 꽤 긴 시간을 온전히 이 집필에만 집중했다는 의미일 것이다. 그렇다. 우리는 이 이야기를 쓰는 동안 누구보다 몰입했다.

취재하고 집필했던 지금까지의 과정을 되새김질하듯 곱씹어본다. 지난 시간들이 주마등처럼 스쳐간다. 모든 인터뷰를 마치고 한 사람 한 사람의 인터뷰 내용을 정리하면서 몇 번이나 걱정이 앞섰다. 혹여 우리의 부족한 필력이 금메달보다 값졌던 그들의 이야기를 제대로 담아내지 못하면 어쩌나 싶었기 때문이다. 그래서 어떤 날은 하루에 한 줄 써 내려가는 것조차 버거웠다. 부족함과 불안함을 두 발의 족쇄로 채우며 적고 지우고 고쳤다가 새로 쓰기를 반복했다. 그럼에도 불구하고 우리가 이 이야기를 끝맺을 수 있었던 것은, 포기하지 않고 한 걸음 한 걸음 내딛을 수 있었던 것은 오직 한 가지 이유였다. 이 이야기가 주는 가치를 믿었기 때문이다.

총 36명의 금메달리스트, 코치, 감독을 만났다. 그들과 인터뷰한 시간을 환산하면 수백 시간은 족히 넘을 것이다. 감히 예상하건대 아마 우리가 대한민국에서 가장 많은 금메달리스트들과 인터뷰하고, 가장 많은 질문을 주고받은 사람들일 것이다. 그것도 몰입과 집중력이란 주제로 말이다. 그들이 최후의 순간, 어떻게 몰입했는지 궁금하다는 이유로 한 명 한 명 집요하게 인터뷰한 정신 나간 작가는 그리 많지 않을 테니 말이다.

인터뷰가 끝난 지금 한 명 한 명 떠올려보니 36명 모두가 다 개성이 있었고 특별했다. 하지만 우리가 그들에게서 느낀 공통된 이미지가 하나 있었다. 거칠고 상처투성이

인 모습이다. 대리석과 같은 깔끔함이 아닌 현무암과 같은 투박하고 어그러진 흔적들이 그들에게 있었다. 그들이 이런 이미지로 우리에게 각인된 것은 아마 외향적인 이미지 때문이라기보다는 장시간 인터뷰하면서 나눴던 진심 어린 이야기 때문인 듯하다.

선수들은 웃으면서 말하지만 우리는 결코 가볍게 들을 수 없었던 그 치열했던 삶들. 그것이 얼마나 거칠었는지 알기에, 그들이 나아가야 하는 길 위에서 얼마나 많은 것을 버리고 포기했는지를 잘 알기에, 그것이 온전히 느껴져서 자주 가슴이 먹먹해졌다.

얼마나 불안했을까. 얼마나 흔들렸을까. 다시 하라면 때려 죽여도 안 할 거라며 웃으면서 말하기까지 그 안에는 얼마나 내뱉지 못하고 삼켜야 했던 울음들이 있었을까.

우리는 곁에서 보고 들으면서도 최후의 순간 마지막까지 완벽하게 몰입한 그들이 아직 믿기지 않는다. 그것의 실체가, 완벽한 몰입이 무엇이냐고 묻는다면, 우리는 뭐라고 말해야 할까. 다른 거창한 말보다 선수들에게 배운 딱 한 가지, 이 하나의 메시지를 전하고 싶다.

'자기 자신을 제외한 모든 것을 버리는 것.'

몰입이란 무언가를 더 보탰을 때 나타나는 것이 아니라,

버렸을 때 가능해진다. 몰입하기 위해 어떤 것을 더 잘해야 하는 것이 아니라 자신을 제외한 모든 것을 버렸을 때, 오직 나에게만 집중했을 때 이뤄지는 것이다. 이는 우리가 만난 12개의 종목, 36명의 금메달리스트, 코치, 감독을 통해 깨달은 것이다. 그들은 금메달이라는 최고의 성취를 이루기 위해 자신을 제외한 모든 것을 버렸다. 불필요한 걱정이나 불안, 목표를 방해하는 모든 요소를 버리고 나자 남겨진 빈 공간에 몰입이 자연스럽게 들어왔다. 그것이 그들을 특별한 무언가로 만들었다.

여전히 누군가는 올림픽 금메달리스트들의 이야기가 우리와는 먼 이야기라고 말할지도 모르겠다. 그들은 특별하고 재능 있고 몰입할 수 있는 환경에 놓여 있다고 말이다. 하지만 자신 있게 말하는데 그들은 우리와 똑같은 존재다. 선수들은 재능이 있었지만 처음부터 천재도 아니었고, 우리처럼 힘들고 외로운 순간 흔들리고 불안해했다. 엇비슷한 재능을 가진 사람들 속에서 죽을힘을 다해 노력했고, 경쟁했다. 다만 독한 끈기로 버텼고, 결정적인 순간에 완벽하게 몰입한 것. 그 작은 차이가 엄청난 결과를 만들어 낸 것이다.

그 말은 우리 역시 각자의 인생에서 뭔가를 결정해야 하는 최후의 순간, 완벽하게 몰입하면 자신이 원하는 대로 결과를 바꿀 수 있다는 뜻이기도 하다. 선수들에게는 올림픽 금메달 결승전이 그런 순간이었고, 우리에게도 살면서 그런 순간들이 찾아올 것이다. 그때 이 선수들처럼 아낌없이 모든 것을 버리고 오직 자신만 남겨둘 수 있다면, 우리의 금빛 자리도 얼마든지 빛을 발할 수 있을 것이라 확신한다.

우리 역시 또 다른 금빛을 찾아 새로운 여정을 시작할 것이다. 그리고 그 여정은 지금까지의 여정과는 조금 다를 것이다. 지금까지는 홀로 버티며 외롭게 싸워야 했다면 앞으로는 33명의 멘토들과 함께할 것이기 때문이다. 인생의 기나긴 여정이 끝나기까지 언제나 그들이 우리 곁에서 걸어가는 힘으로, 움직이게 만드는 몰입으로, 흔들리지 않게 만드는 집중력이 되어줄 것이라 믿는다.

이 책을 읽는 모든 이들의 마음에 선수들의 이야기가 진한 울림으로 전달되길 소망한다. 모든 이들이 이 책을 통해 주도적인 몰입을 하고 자신만의 금빛 자리를 찾아가길 기대한다. 진종오의 마지막 한 발처럼 모두 자기 인생의 결정적 순간 완벽하게 몰입하는 경험을 하길 바란다. 멀지 않은 시기에 그 한 발을 쏠 수 있기를 기대하며 길었던 우리의 이야기를 마친다.

마지막으로 인터뷰에 응해주었던 36명의 금메달리스트, 코치, 감독 모든 분에게 아낌없는 존경과 찬사를 보낸다.

Final
FLOW

# 최고의 선수에게
# 몰입이란?

"나를 감동시키는 목표를 가지세요."

올림픽 금메달이 목표였어요. 금메달을 목에 건다는 것이 사실 제 분야에서 세계 최고가 된다는 것이잖아요. 얼마나 멋져요? 인생이 바뀌는 일이겠죠. 그렇게 생각하니까 이 목표를 가진 것만으로도 감동스럽더라고요. 그런 목표가 있으면 동기부여도 저절로 돼요. 힘들어서 그만두고 싶을 때마다 왜 이렇게 열심히 훈련해야 하는지, 왜 이 짧은 순간에도 집중력을 발휘해야 하는지 마음을 다잡을 수 있거든요. 결국 이 목표 하나가 절 여기까지 이끌어준 셈이네요.

— 사격 부문 금메달리스트 이은철

# "자신밖에 모른다는 건 강하다는 뜻입니다."

자기밖에 모르는 사람이 금메달을 따기에는 훨씬 유리해요. 다른 사람은 신경 안 쓰고 자기 목표에만 집중할 수 있거든요. 이런 사람은 어떤 상황이 찾아와도 휘둘리지 않아요. 자연스럽게 강해질 수밖에 없는 거죠. 이 치열한 경쟁 무대에서 그건 나쁘다기보다 오히려 강점이라고 생각해요. 선수들에게 경쟁에서 살아남는다는 건 취사선택의 문제가 아니라 생존의 문제잖아요. 그래서 이런 성향을 나쁘다고만 할 게 아니라 오히려 권장하는 편이죠. 자신을 위해서 끝까지 최선을 다하겠다는 걸 누가 뭐라고 하겠어요? 안 그래요?

— 런던 올림픽 양궁 부문 국가대표팀 총감독 장영술


# "착한 척할 필요 전혀 없어요."

착한 운동선수? 없어요. 모든 운동선수가 우승하고 싶어서 시합에 나가는 거지, 지고 싶어서 나가는 건 아니잖아요. 참가하는 것에 만족한다? 경험을 쌓는 데 의의를 둔다? 제발 그런 방송용 멘트 좀 하지 않았으면 좋겠어요. 이기고 싶다면 더 치열해져야 해요. 시합하러 경기장에 선 순간 나만 생각해야 해요. 상대를 이기겠다는 생각을 넘어서 그에게 질지도 모른다는 나약한 나, 평소에 잘 안 되던 기술만 떠올리며 집중력이 흐트러진 나와도 싸워서 이겨야 해요.

— 레슬링 부문 금메달리스트 심권호

## "1분의 집중이 내 평생을 좌우할 수도 있어요."

저는 시합 전에 팬들과 사진을 아예 안 찍어요. 시합 날에는 다른 사람과 눈도 안 마주치고요. 누가 제게 말을 걸어도 그냥 지나가요. 오직 그 시합에만 집중하기 위해서죠. 마음이 해이해지는 순간 지금까지 준비해왔던 과정이 하루아침에 망가질 수도 있거든요. 경기 때문에 외국에 가면 교민들이 함께 사진을 찍거나 제게 사인을 해달라고 하는데, 못 해주죠. 어떻게 보면 제가 버릇없다고 생각할 수도 있어요. 팬들은 '겨우 1분인데, 사인도 못 해줘?'라고 생각할 수도 있어요. 그렇지만 그 1분은 내 평생의 모든 것들을 뺏어갈 수 있는 시간이기도 하거든요.

— 쇼트트랙 부문 금메달리스트 김동성


## "외로움을 견디는 사람만이 정상에 설 수 있다."

최고의 자리에 서려면 남들 생각할 겨를이 없어요. 가족도 친구도요. 내가 이루고 싶은 목표가 있는데, 내 목표에 집중해야죠. 솔직히 나만 생각할 시간도 부족해요. 그래서 운동선수가 외로운 거예요. 그걸 견뎌내는 사람이 결국 금메달을 따는 거죠. 외로움을 극복하는 사람만이 정상에 서는 것 아니겠어요?

— 쇼트트랙 부문 금메달리스트 이정수

"죽기 살기로 하다가 죽을 각오로 했더니
 마침내 이겼어요."

4년 전에는 죽기 살기로 했어요. 그랬더니 졌어요. 그다음에는 죽을 각오로 했어요. 어떻게 됐을까요? 이겼어요. 이게 답입니다. 스스로 자신의 역량에 대해 먼저 한계를 규정하지 마세요. 노력에 선을 긋지 말라는 거예요. '오늘 열심히 했으니까 여기까지만 해도 돼.'라고 생각하는 순간 망하는 겁니다. 운동할 때 무서운 게 뭐냐면 올림픽을 준비하는 과정이 지독하게 힘들수록 금메달을 딸 확률이 높다는 걸 제가 알고 있다는 거예요. 얼마나 죽을 각오로 덤벼야 하는지 그 고통의 정도를 스스로 안다는 거죠. 하지만 그럼에도 불구하고 다시 뛰어들어요. 제가 생각하는 독함은 그런 겁니다.

― 유도 부문 금메달리스트 김재범


"나보다 더 땀 흘린 선수가 있다면
금메달을 가져가도 좋다."

런던 올림픽을 준비하는 동안 시상대에 올라가는 모습을 상상하면서 정말 열심히 연습했어요. 감독님이 "레슬링에 미쳐라, 레슬링을 즐겨라."라고 말씀하셨는데 그땐 이렇게 힘든 걸 어떻게 즐기나 싶었죠. 그런데 하다 보니까 나중에 정말 스스로 즐기고 있더라고요. 그냥 미친거죠. 훈련하다가 힘들면 감독님한테 가서 훈련을 더 시켜달라고 그랬어요. 그렇게 진짜 미친 듯이 즐겼어요. 레슬링에 미쳤어요. 결국 진인 사대천명이라고 하늘도 도와줘서 금메달을 땄어요. 금메달을 따고 나니까 이런 말을 할 수 있더라고요. "나보다 더 땀을 흘린 선수가 있다면, 금메달을 가져가도 좋다."고요.

— 레슬링 부문 금메달리스트 김현우

## "'하나만 더, 한 번만 더' 했어요. 1등이 너무 하고 싶어서요."

유도, 레슬링, 복싱 같은 투기 종목은 훈련이 진짜 엄청 힘들어요. 강도 높은 훈련을 매일 다람쥐 쳇바퀴 돌 듯 반복하려니까 죽을 맛이죠. 선수들이 정말 악으로 깡으로 버텨요. 하루하루를, 일주일을, 4주를 버티다 보니 한 달이 지나고 그렇게 열두 달을 버티니까 1년이 지나더라고요. 버틸 때는 오직 올림픽에 꼭 나가서 금메달을 따야겠다는 생각뿐이었어요. 그래서 훈련할 때 튜브 당기기를 해도 100개를 해야 하면 11개를 더해서 111개를 하고, 계단을 올라갈 때도 계단이 10개면 1개를 더해서 11개의 계단을 올랐어요. 벤치프레스를 들어도 10개를 해야 하면 1개 더 들어서 11개를 맞췄고요. 그만큼 1등이 너무 하고 싶었거든요.

— 유도 부문 금메달리스트 송대남

"연습할 때 울어야 나중에 진짜 울 수 있어요."

운동이 너무 힘들었어요. 발차기 기술 하나를 완성하려고 진짜 한 달을 죽어라 연습했죠. 수없이 연습하면서 정말 많이 울었어요. 그런데 그 과정을 겪어내면서 스스로 단단해지고 독해지더라고요. 물론 결과도 좋았고요. 훈련할 때 울어야 나중에 진짜 울 수 있는 거 같아요.

— 태권도 부문 금메달리스트 김소희


"단 4초를 위해 1초에 1년을 걸었어요."

도마라는 체조 종목은 실제 경기 소요 시간이 4초 남짓이에요. 그래서 흔히 도마를 '4초의 승부'라고 부르죠. 저를 비롯한 체조 선수들은 단 4초의 경기를 위해서 4년을 준비하고, 4,000번, 40,000번 점프를 해요. 찰나의 순간 자신의 기술을 모두 보여줘야 하니까요. 4초에 모든 것이 결정돼요. 그래서 저는 1초에 1년을 걸었어요.

— 체조 부문 금메달리스트 양학선


"한 가지를 얻으려면
 두 가지를 포기할 줄도 알아야 해요."

진짜로 국가대표가 되고 싶고, 올림픽 금메달을 따고 싶다면 남들이랑 똑같이 하지 말아야죠. 하고 싶은 것 다 하면서 가장 높은 목표를 이루고자 하는 건 욕심이 너무 과한 것 같아요. 하고 싶은 많은 일 중에서도 딱 하나만 남기고 나머지 것을 포기해야 이루고자 하는 한 가지 목표를 이룰 수 있어요. 사실 그래도 될까, 말까잖아요. 하나를 얻으려면 두 가지를 잃어야 한다는 걸 받아들여야죠. 목표는 곧 다른 모든 것을 포기하는 것과 같으니까요.

— 태권도 부문 금메달리스트 황경선

## "집중력을 높이려면 기초 체력이 필수죠!"

목표를 이루기 위해 집중력을 높이고 싶다면 평소에 자기 관리를 잘해야 해요. 특히 체력이요. 우리가 후반부로 갈수록 왜 집중력이 떨어지는지 아세요? 체력이 떨어졌기 때문이에요. 내가 아무리 집중하고 싶어도, 한 발 더 뛰고 싶어도 체력이 떨어지면 몸이 안 움직여요. 아무리 좋은 기량을 가지고 있어도 후반전 30분을 뛸 수 있는 체력이 없으면 소용이 없어요. 그래서 기초 체력을 키우는 게 굉장히 중요한 거고요. 그래서 저는 건강에 특히 신경 쓰는 편인데요. 탄산음료나 술을 안 마셔요. 몸에 안 좋다는 거는 다 안 하고요. 내가 금메달을 획득하고 싶다면 이 정도 집중력과 노력은 필수죠. 집중력이라는 것이 경기장 안에서도 필요하겠지만, 경기장 밖에서도 필요한 거니까요.

— 핸드볼 부문 금메달리스트 임오경

## "철저한 자기 관리가
최고의 결과를 만드는 겁니다."

사람들이 제 전성기가 끝났다고 했을 때 감독님만은 "동민이 만큼 자기 관리가 철저한 선수는 못 봤다. 이렇게 꾸준히 하는 애가 그냥 끝날일은 없다."라고 말씀해주셨어요. 그만큼 자기 관리를 철저하게 했죠. 외국에 전지훈련 가면 쉴 때 나가서 놀고 싶잖아요. 그런데 저는 컨디션 조절한다고 혼자 방에서 쉬었어요. 다음 날 훈련에 지장이 있으니까요. 운동선수라서 몸이 자주 힘드니까 빨리 휴식을 취해야 하거든요. 어떻게 보면 고리타분할 정도로 모범생처럼 태권도만 했어요. 교과서에 나온 대로 하려고 했고요. 운동할 때는 술도 안 마시고 정해진 시간에 자고 규칙적으로 생활했어요. 그런 철저한 자기 관리가 금메달이란 결과로 이어졌죠.

― 태권도 부문 금메달리스트 차동민

## "모든 연습을 실전처럼 하는 게 중요해요."

시합 전날 잠들기 전에 눈을 감고 한 5분 정도 이미지 트레이닝을 해요. 경기할 때 내가 어떻게 행동할 것인지 미리 그려보는 거죠. 사선에 서서 활을 드는 모습, 어떤 느낌과 강도로 활을 당기고 쏠 것인지 그 과정을 세세하게 그려봐요. 그리고 화살이 깨끗하게 날아가서 딱 10점에 꽂히는 느낌을 계속 생각하죠. 그런 상상을 반복하면 마음이 편안해지면서 더 빨리 적응할 수 있는 것 같아요.

— 양궁 부문 금메달리스트 장용호

## "스스로 긴장감을 느낄 수 있는 상황을
## 만들어줘요."

경기 시작할 때부터, 경기 중반 제가 이기고 있더라도 늘 '지금은 20:20, 듀스 상황이다.'라고 스스로 주문을 걸어요. 한순간도 긴장을 놓치지 않겠다는 뜻이죠. 배드민턴은 21점을 내는 경기라, 듀스 상황일 때가 가장 중요하거든요. 이때 1점을 누가 내느냐에 따라 승패가 정해지니까요. 그러면 제가 어려워도 1점 더 받아내려고 수비하고 공격 포인트를 잡아내려고 노력해요. 주변에서 '넌 할 수 있다.'라고 말해주는 것보다 스스로 '해야 해. 해야만 해.'라고 말하면서 그럴 수밖에 없는 상황을 자꾸 만들다 보면 어느새 집중력이 확 높아져요.

— 배드민턴 부문 금메달리스트 이용대

## "하면 되고, 포기 안 하면 되고,
## 최선을 다하면 돼요."

고등학교 3학년 때 세계청소년대회에 나가서 3등을 했어요. 당시 팔 부상이 있었는데 얻은 성과였죠. 그때부터 '아, 나는 유도를 잘하는구나.'라는 자신감이 생긴 것 같아요. 제가 마음에 와닿아서 늘 새기는 말이 하나 있는데요. '하면 되고, 포기 안 하면 되고. 최선을 다하면 되는구나.'라는 말이에요. 이 말을 믿고 하다 보면 뭐든 다 할 수 있을 것 같아요.

— 유도 부문 금메달리스트 최민호


## "'까짓것 한번 해보자!'라는 마음으로 덤비세요."

예전에는 경기가 뜻대로 안 풀리면 '어떻게 하지?'라고 걱정했어요. 그런데 요즘은 '나답게 까짓것 한번 해보자.'라고 긍정적으로 생각하면서 활을 쏴요. 시합할 때 이런 생각으로 제 실력을 발휘하느냐, 하지 못하느냐가 결국 승패를 가르더라고요. 나에게 불리한 상황을 그냥 받아들일 것이냐 긍정적으로 바꿔볼 것이냐에 따라 차이가 엄청난 거죠. 그래서 평소에도 자꾸 긍정적으로 생각하려고 노력해요.

— 양궁 부문 금메달리스트 장혜진


## "슬럼프는 또 다른 기회다!"

저희 아버지가 한번은 저한테 이런 이야기를 하신 적이 있어요. "슬럼프를 겪어야 실력이 더 향상되는 거다. 슬럼프가 도약을 꿈꾸는 너에게 좋은 기회가 되어줄 거다."라고요. 제가 한창 슬럼프에 빠져 있을 때 지나가면서 하신 말씀인데, 그땐 그 말이 정말 와닿더라고요. 그 덕분에 잠시 쉬면서 마음을 비우고 기다렸죠. 결국 슬럼프를 잘 극복했고요.

— 유도 부문 금메달리스트 전기영

## "한번에 바뀌는 사람은 없어요. 끈기를 가지고 덤벼야죠."

장점을 강점으로 만드는 건 중요해요. 상대를 이길 수 있는 나만의 무기를 갖는 거니까요. 다만, 시간을 두고 바꾸려고 해야죠. 사람이 단번에 바뀔 수는 없잖아요. 선수들도 그렇게 되지 않는 걸 알면서 짧은 순간 확 바뀌고 싶어해요. 그러니까 안 되는 거예요. 시간이 좀 걸리더라도 스스로 끈기를 가지고 도전하는 게 중요한 거 같아요. 될 때까지 덤벼보는 거죠.

— 태권도 부문 금메달리스트 황경선

## "연습과 노력은 나를 배반하지 않는다."

연습과 노력은 자신을 배반하지 않는다고 생각해요. 결과가 안 나온 것이 아니라 아직 때를 못 만난 것뿐이죠. 결과라는 것은 분명히 언젠가는 자신한테 돌아온다고 생각하거든요. 그러니까 그 결과를 보기 전에 일찍 포기해버리지 마세요. 자신이 노력하고 쌓아놓은 것은 어디 가지 않으니까요. 그게 드러나지 않는다고 할지라도 끝까지 포기하지 않는다면, 언젠가는 좋은 결과를 얻을 수 있을 거라고 생각해요.

— 탁구 부문 금메달리스트 양영자

## "제 라이벌은 오직 저뿐이에요."

저는 누구도 라이벌이라고 생각해본 적이 없어요. 제 라이벌은 오직 저뿐이에요. 나를 이겨야 남도 이길 수 있으니까요. 타인이 아닌 나와 싸워서 이기는 것, 그게 더 중요한 것 같아요. 나만 이길 수 있으면 게임은 끝난 것 같아요. 그 순간 정말 무서울 게 없어지거든요.

— 양궁 부문 금메달리스트 윤옥희

## "목표 의식이 비슷한 사람과 어울리세요."

뚜렷한 목표 의식이 없으면 아무리 훌륭한 훈련 프로그램이라고 해도 집중력을 발휘하기가 쉽지 않겠죠. 집중력을 발휘해서 이루고 싶은 게 없으니까요. 그래서 목표 의식을 갖는 것이 중요한 거고요. 이것이 있다면 그다음으로 중요한 건 목표 의식이 비슷한 사람들 틈에서 훈련하는 거예요. 그러면 서로 자극도 되고 배우는 게 많거든요. 나의 위치를 가늠해볼 수도 있고요. 자연스럽게 훈련 효과가 몇 배로 커지면서 집중력도 향상될 겁니다.

— 양궁 부문 금메달리스트 임동현

## "물음표보다는 느낌표를 던지면서 사세요!"

하고자 하는 어떤 일을 시작할 때 '내가 이걸로 과연 성공할 수 있을까?'라고 묻지 마세요. '나 이걸로 성공할 수 있을 거야!'라고 스스로 강하게 믿어보세요. 일단 그렇게 긍정적인 마음가짐을 먼저 갖는 거죠. 저는 물음표가 없거든요. 의문보다는 긍정적인 마음. 물음표보다는 느낌표를 가져요. 그런 자신감만 있다면 뭐든지 할 수 있어요.

— 양궁 부문 금메달리스트 구본찬

## 배드민턴 이용대

- 2008년, 베이징 올림픽 배드민턴 혼합복식 금메달
- 2012년, 런던 올림픽 배드민턴 남자복식 동메달
- 대한민국 최초 배드민턴 세계주니어선수권대회 3관왕

## 체조 양학선

- 2012년, 런던 올림픽 체조 남자 도마 금메달
- 세계선수권대회 남자 도마 금메달 2연패 (2011년, 2013년)
- 대한민국 최초 체조 올림픽 금메달리스트

## 사격 이은철

- 1992년, 바르셀로나 올림픽 사격 남자 50m 소총 복사 금메달
- 대한한국 최초 사격 남자 올림픽 금메달리스트
- 그랜드 슬램 (올림픽, 세계선수권대회, 아시안게임, 아시아선수권)

## 핸드볼 임오경

- 1992년, 바르셀로나 올림픽 여자 핸드볼 금메달
- 2004년, 아테네 올림픽 여자 핸드볼 은메달
- 서울시청 여자핸드볼팀 감독 (한국 실업팀 최초 여자 감독)

## 탁구 양영자

- 1988년, 서울 올림픽 탁구 복식 금메달
- 1987년, 세계선수권대회 탁구 복식 금메달
- 1986년, 아시안게임 탁구 단체전 금메달

## 탁구 유승민

- 2004년, 아테네 올림픽 탁구 남자 단식 금메달
- 2014년, 아시안게임 탁구 남자 국가대표팀 코치
- 국제올림픽위원회(IOC) 선수위원

## 복싱 김광선

- 1988년, 서울 올림픽 복싱 플라이급 금메달
- 1986년, 아시안게임 복싱 플라이급 금메달

- 2004년, 아테네 올림픽 KBS 권투 해설위원

## 복싱 박시헌

- 1988년, 서울 올림픽 복싱 라이트미들급 금메달
- 1985년, 월드컵 복싱대회 라이트미들급 1위
- 2016년, 리우데자네이루 올림픽 복싱 국가대표팀 감독

## 레슬링 박장순

- 1992년, 바르셀로나 올림픽 레슬링 자유형 74kg급 금메달
- 2016년, 리우데자네이루 올림픽 레슬링 국가대표팀 감독
- 그랜드 슬램 (올림픽, 세계선수권대회, 아시안게임, 아시아선수권)

## 레슬링 심권호

- 2000년, 시드니 올림픽 그레코로만형 54kg급 금메달
- 1996년, 애틀랜타 올림픽 그레코로만형 48kg급 금메달
- 대한민국 최초 레슬링 올림픽 2연패

## 레슬링 김현우

- 2012년, 런던 올림픽 레슬링 그레코로만형 66kg급 금메달
- 2016년, 리우데자네이루 올림픽 레슬링 그레코로만형 75kg급 동메달

• 그랜드 슬램 (올림픽, 세계선수권대회, 아시안게임, 아시아선수권)

## 태권도 황경선

• 2012년, 런던 올림픽 태권도 여자 67kg 이하급 금메달

• 2008년, 베이징 올림픽 태권도 여자 67kg급 금메달

• 대한민국 최초 태권도 올림픽 2연패

## 태권도 차동민

• 2008년, 베이징 올림픽 태권도 남자 80kg 초과급 금메달

• 2012년, 아시아태권도선수권대회 남자 87kg 이상급 금메달

• 2016년, 리우데자네이루 올림픽 태권도 남자 80kg 이상급 동메달

## 태권도 김소희

• 2016년, 리우데자네이루 올림픽 태권도 여자 49kg급 금메달

• 2014년, 아시안게임 태권도 여자 46kg급 금메달

• 세계선수권대회 태권도 여자 46kg급 금메달 2연패 (2011, 2013년)

## 펜싱 김지연

• 2012년, 런던 올림픽 펜싱 여자 사브르 개인전 금메달

• 2014년, 아시안게임 펜싱 여자 사브르 단체전 금메달

• 대한민국 최초 펜싱 여자 올림픽 금메달리스트

## 펜싱 구본길

• 2012년, 런던 올림픽 남자 사브르 단체전 금메달

• 아시아 최초 펜싱 올림픽 단체전 금메달리스트

• 그랜드 슬램 (올림픽, 세계선수권대회, 아시안게임, 아시아선수권)

## 펜싱 박상영

• 2016년, 리우데자네이루 올림픽 펜싱 남자 에페 개인전 금메달

• 2014년, 세계선수권대회 에페 단체전 은메달

• 대한민국 최초 펜싱 에페 올림픽 금메달리스트

## 유도 김재엽

• 1988년, 서울 올림픽 유도 남자 60kg급 금메달

• 1984년, 로스엔젤레스 올림픽 유도 남자 60kg급 은메달

• 동서울대학교 스포츠학부 경호스포츠과 교수

## 유도 전기영

• 1996년, 애틀랜타 올림픽 유도 남자 86kg급 금메달

• 세계선수권대회 유도 금메달 3연패 (1993년, 1995년, 1997년)

- 용인대학교 무도대학 유도경기지도학과 교수

## 유도 최민호

- 2008년, 베이징 올림픽 유도 남자 60kg급 금메달
- 2004년, 아테네 올림픽 유도 남자 60kg급 동메달
- 2016년, 리우데자네이루 올림픽 유도 남자 국가대표팀 코치

## 유도 김재범

- 2012년, 런던 올림픽 유도 남자 81kg 이하급 금메달
- 2008년, 베이징 올림픽 유도 남자 81kg급 은메달
- 그랜드 슬램 (올림픽, 세계선수권대회, 아시안게임, 아시아선수권)

## 유도 송대남

- 2012년, 런던 올림픽 유도 남자 90kg 이하급 금메달
- 2016년, 리우데자네이루 올림픽 유도 남자 국가대표팀 코치
- 대한민국 유도 최고령 금메달리스트

## 쇼트트랙 채지훈

- 1994년, 릴레함메르 동계올림픽 쇼트트랙 남자 500m 금메달
- 1994년, 릴레함메르 동계올림픽 쇼트트랙 남자 1000m 은메달

• 미국 쇼트트랙 국가대표팀 감독

## 쇼트트랙 김동성

• 1998년, 나가노 동계올림픽 쇼트트랙 남자 1000m 금메달

• 1998년, 나가노 동계올림픽 쇼트트랙 남자 5000m 계주 은메달

• 2002년, 세계선수권대회 쇼트트랙 6관왕

## 쇼트트랙 송석우

• 2006년, 토리노 동계올림픽 쇼트트랙 남자 5000m 계주 금메달

• 2004년, 세계선수권대회 쇼트트랙 500m 금메달

• 2003년, 아시안게임 쇼트트랙 남자 3000m 금메달

## 쇼트트랙 이정수

• 2010년, 밴쿠버 동계올림픽 쇼트트랙 남자 1000m 금메달

• 2010년, 밴쿠버 동계올림픽 쇼트트랙 남자 1500m 금메달

• 2010년, 밴쿠버 동계올림픽 쇼트트랙 남자 5000m 계주 은메달

## 쇼트트랙 박승희

• 2014년, 소치 동계올림픽 쇼트트랙 여자 1000m 금메달

• 2014년, 소치 동계올림픽 쇼트트랙 여자 3000m 계주 금메달

• 올림픽 쇼트트랙 전 종목 메달 획득 대한민국 최초 여자 선수

## 양궁 장용호

• 2004년, 아테네 올림픽 양궁 남자 단체전 금메달
• 2000년, 시드니 올림픽 양궁 남자 단체전 금메달
• 1996년, 애틀랜타 올림픽 양궁 남자 단체전 은메달

## 양궁 임동현

• 2008년, 베이징 올림픽 양궁 남자 단체전 금메달
• 2004년, 아테네 올림픽 양궁 남자 단체전 금메달
• 2012년, 런던 올림픽 양궁 남자 단체전 동메달

## 양궁 이성진

• 2012년, 런던 올림픽 양궁 여자 단체전 금메달
• 2004년, 아테네 올림픽 양궁 여자 단체전 금메달
• 2004년, 아테네 올림픽 양궁 여자 개인전 은메달

## 양궁 윤옥희

• 2008년, 베이징 올림픽 양궁 여자 단체전 금메달
• 2008년, 베이징 올림픽 양궁 여자 개인전 동메달

• 2009년, 세계선수권대회 양궁 여자 단체전 금메달

## 양궁 오진혁

• 2012년, 런던 올림픽 양궁 남자 개인전 금메달

• 2012년, 런던 올림픽 양궁 남자 단체전 동메달

• 대한민국 최초 양궁 남자 개인전 올림픽 금메달리스트

## 양궁 장혜진

• 2016년, 리우데자네이루 올림픽 양궁 여자 개인전 금메달

• 2016년, 리우데자네이루 올림픽 양궁 여자 단체전 금메달

• 2013년, 세계선수권대회 양궁 리커브 여자 단체전 금메달

## 양궁 구본찬

• 2016년, 리우데자네이루 올림픽 양궁 남자 개인전 금메달

• 2016년, 리우데자네이루 올림픽 양궁 남자 단체전 금메달

• 대한민국 최초 양궁 남자 올림픽 2관왕

## 양궁 장영술

• 2012년, 런던 올림픽 양궁 국가대표팀 총감독

• 2008년, 베이징 올림픽 양궁 국가대표팀 감독

- 올림픽 양궁 국가대표팀 감독 및 코치 역임 5회

## 양궁 문형철

- 2016년, 리우데자네이루 올림픽 양궁 국가대표팀 총감독
- 2008년, 베이징 올림픽 양궁 여자 국가대표팀 감독
- 2016년, 리우데자네이루 올림픽 양궁 전종목 석권 총감독

# 최후의 몰입

2019년 9월 2일 초판 1쇄 | 2022년 7월 8일 8쇄 발행

**지은이** 제갈현열, 김도윤
**펴낸이** 박시형, 최세현

**마케팅** 양근모, 권금숙, 양봉호, 이주형  **온라인마케팅** 신하은, 정문희, 현나래
**디지털콘텐츠** 김명래, 최은정, 김혜정  **해외기획** 우정민, 배혜림
**경영지원** 홍성택, 이진영, 임지윤, 김현우, 강신우
**펴낸곳** (주)쌤앤파커스  **출판신고** 2006년 9월 25일 제406-2006-000210호
**주소** 서울시 마포구 월드컵북로 396 누리꿈스퀘어 비즈니스타워 18층
**전화** 02-6712-9800  **팩스** 02-6712-9810  **이메일** info@smpk.kr

쌤앤파커스(Sam&Parkers)는 독자 여러분의 책에 관한 아이디어와 원고 투고를 설레는 마음으로 기다리고 있
습니다. 책으로 엮기를 원하는 아이디어가 있으신 분은 이메일 book@smpk.kr로 간단한 개요와 취지, 연락처
등을 보내주세요. 머뭇거리지 말고 문을 두드리세요. 길이 열립니다.